O DESPERTAR DA CONSCIÊNCIA MÍSTICA

Joel S. Goldsmith

O DESPERTAR DA CONSCIÊNCIA MÍSTICA

Tradução de
Luiz Carlos Rocha

EDITORA PENSAMENTO
São Paulo

Título do original:

AWAKENING MYSTICAL CONSCIOUSNESS
Copyright © 1980 by Emma A. Goldsmith
Publicado nos E.E.U.U. por Harper & Row, Publishers

Edição	O primeiro número à esquerda indica a edição, ou reedição, desta obra. A primeira dezena à direita indica o ano em que esta edição, ou reedição foi publicada.	Ano
8-9-10-11-12-13-14-15		04-05-06-07-08-09-10

Direitos de tradução para a língua portuguesa
adquiridos com exclusividade pela
EDITORA PENSAMENTO-CULTRIX LTDA.
Rua Dr. Mário Vicente, 368 – 04270-000 – São Paulo, SP
Fone: 6166-9000 – Fax: 6166-9008
E-mail: pensamento@cultrix.com.br
http://www.pensamento-cultrix.com.br
que se reserva a propriedade literária desta tradução.

Impresso em nossas oficinas gráficas.

Se o Senhor não edificar a casa, em
vão trabalham os que a edificam.

Salmo 127

A Iluminação dissolve todos os laços materiais, liga os homens às correntes douradas da compreensão espiritual; admite apenas a liderança do Cristo; não possui rituais ou regras, mas o divino e impessoal Amor universal; nem outra crença a não ser a Chama interior que está sempre acesa no santuário do Espírito. Essa união é o estado livre de fraternidade espiritual. A única restrição é a disciplina da Alma; portanto, conhecemos a liberdade sem licenciosidade; somos um universo unido sem limites físicos, um préstimo celeste a Deus sem solenidade ou credo. O caminho iluminado sem temor pela Graça.

O Caminho Infinito

Índice

Prefácio, 9

I A NATUREZA DO PODER ESPIRITUAL

1. *O Ateísmo do Poder Material,* 11; Ser um Discípulo de Cristo, 12; Viver Fora do Princípio da Natureza Pessoal, 13; Viver Pela Palavra, 15; Orando ao Espírito de Deus Para que Transforme o Universo Material, 17; O Silêncio, 20
2. *A Libertação do Poder Espiritual,* 24; A Quantidade Desconhecida, 25; A Descoberta da Natureza do Poder Espiritual, 26; Elevando-se Acima do Nível do Problema, 28; A Natureza da Individualidade Espiritual, 29; A Evidência do Poder Espiritual, 31; A Compreensão da Presença de Deus Como Onipresença, 32; A Finalidade Suprema da Revelação do Poder Espiritual, 34; A Purificação de Nosso Estado de Consciência, 35
3. *Poder Espiritual Revelado,* 38; Um Mundo Perseguido Pelo Medo, 39; A Natureza do Poder Espiritual, 40; A Insensatez da Luta Pelo Poder Temporal, 41; A Prova de que o Poder Espiritual é o Poder Absoluto, 43; O Abre-te Sésamo, 44; A Conquista do Mundo, 46; Função de Cristo, 48

II O VERBO FEITO CARNE

4. *Carne e Carne,* 51; A Palavra Invisível Torna-se Tangível, 52; A Carne que Enfraquece, 54; A Revelação da Palavra, 54; Não se Orgulhe com a Aparência, 56; O Conhecimento das Pessoas Pela Espiritualidade, 57; Usando um Novo Conceito de Corpo, 58; Um Estado de Consciência, 59
5. *Nossa Identidade Real,* 61; A Invisibilidade da Identidade Espiritual, 62; Mantendo o Crescimento Espiritual da Consciência, 64; Unidade, um Relacionamento Eterno, 66; Oração, um Estado de Receptividade, 68; Sem Tempo ou Espaço em Deus, 70; A Criação Individual do Reino de Deus, 71; O Cristo Incriado e Imortal, 72

6. *A Palavra e as Palavras*, 73; O Conhecimento da Verdade na Meditação Contemplativa, 74; Crença Versus Experiência, 76; O Conhecimento da Verdade Sobre o que Existe, 76; Tratando Daquilo que Aparece Como Crença, 77; Esperando Pela Palavra, 78; O Homem Material, um Recebedor; o Homem Espiritual, um Doador, 79; A Verdade Relacionada com a Mente, 80; O Período de Escuta no Tratamento, 81; O Espírito do Senhor, 83; A Palavra, não Palavras, Gera Fruto Espiritual, 84

III ALCANÇANDO O DOMÍNIO CONSCIENTE

7. *Conceitos ou Verdade?*, 87; Só Deus é Poder, 89; Julgamento Correto, 90; O Domínio de Seus Conceitos Pessoais, 92; O Poder em Causa, não o Efeito, 94; Não Tente Tornar-se Livre de Pessoas ou Condições, 95; Não Tente Mudar o Mal em Bem, 96; Deixando o que Existe Revelar-se, 97

8. *Alcançando o Domínio Pelo Eu,* 99; O Corpo, um Instrumento de Consciência, 100; A Consciência Desenvolvida, 101; A Percepção da Natureza Infinita do Ser Individual, 102; Elevando o Poder Acima dos Órgãos e Funções Para o Eu, 104; A Consciência, 106

9. *O Místico e a Cura*, 108; A Carência da Cura Espiritual, 109; Limitação, o Fruto dos Pares de Opostos, 111; A Auto-suficiência do Poder do Amor, 112; A Verdade do EU SOU, 114; A Pessoa e a Enfermidade não Devem Ser Partes de Sua Meditação Para a Cura, 115; Não o Poder, Mas a Graça, 117 -

10. *O Domínio Através da Compreensão Diária,* 119; A Libertação Pessoal da Má Prática Universal, 120; A Natureza do Trabalho Protetor, 121; Tornar-se uma Transparência Para o Poder do Espírito, 124; A Importância do Silêncio, 125

11. *Despertando Para as Faculdades da Alma*, 127; O Vazio Completo, 128; Descobrindo Nosso Lugar no Esquema da Vida, 129; Despertando o Centro da Alma, 131; O Espírito Dirige-nos Para Ele Mesmo, 133; Abrindo Caminho Para o Propósito de Deus Ser Revelado, 135; Deixando o Propósito de Deus Revelar-se em Nós, 136

12. *A Revelação da Consciência Como a Harmonia de Nossa Experiência*, 137; Tornando-se uma Comunidade de Amigos e Vizinhos, 139; A Consciência Mística da Unidade, o Segredo da Fraternidade, 141; Ordenação Pelo Espírito, 143; A Função da Graça Como Amor, 146

PREFÁCIO

Freqüentemente, um leitor que descobre os trabalhos de Joel Goldsmith comenta: "Não é como ler um livro. É como se o autor estivesse ao nosso lado, conversando conosco". É absolutamente natural tal reação pelo modo como seus livros são escritos. Nunca, exceto em algumas partes de *O Caminho Infinito,* Joel Goldsmith realmente se sentou para escrever um livro. Sempre esteve ocupado demais. Consumiu seu tempo atendendo aos chamados para cura que vinham noite e dia do mundo todo, e ensinando àqueles que queriam aprender mais sobre a cura e como alcançar a consciência mística.

Em 1946, Joel Goldsmith passou por uma iniciação nos mistérios ocultos da vida, por uma profunda experiência espiritual que o elevou, do reino metafísico, à união mística da unidade consciente com a Fonte da vida. Com essa experiência veio a necessidade de ensinar àqueles que vinham até ele, apesar de nunca procurar um aluno.

Daí por diante, foi fortalecido pelo Espírito dentro dele, que o instruía e conduzia ao trabalho de cada dia — trabalho que incluiu o atendimento de grande volume de correspondência daqueles que tinham descoberto sua mensagem e o procuravam. No rápido período de dezessete anos, deu centenas de aulas em todas as partes do mundo. Com o advento do gravador de fita, essas conferências e aulas foram registradas para a posteridade. Além disso muitas delas foram redigidas e publicadas em forma de livro.

Quando Joel dava uma conferência ou aula, falava de improviso, sem mesmo uma simples anotação. Não que ele não se preparasse; sua preparação consistia em longas horas de meditação antes de cada aula. Ele não meditava num assunto ou lição específica, mas sim para que pudesse mergulhar completamente no Espírito e ser tão transparente que Ele emanasse dele como a mensagem apropriada. Sua mensagem, portanto, é sempre nova e pura; ela saiu diretamente da consciência e foi libertada de maneira natural, simples, direta e poderosa, com a autoridade de quem demonstrou por suas ações a verdade da mensagem que ensinava.

O Despertar da Consciência Mística foi originalmente publicado na forma de *Cartas* enviadas todo mês aos alunos de O Caminho Infinito. O material usado para essas *Cartas* foi extraído de gravações de aulas.

Joel Goldsmith estava admiravelmente qualificado para falar e escrever sobre a consciência mística. Seu conhecimento intelectual não foi compilado de leituras de filosofia especulativa sobre o significado da vida; veio da experiência. Ele foi capaz de revestir a mensagem de uma simplicidade que só poderia vir através da consciência perceptiva da unidade que não admitiu dualidade.

Para ele, a vida mística significava viver *no* mundo, mas não pertencer a ele, participar de muitas atividades da vida normal, reservando, todavia, sempre uma área da consciência para penetrar, além dos limites do mundo exterior de efeito, na realidade espiritual básica. Ele viu, além do vísivel, a Origem invisível de toda vida e energia.

Um dos princípios fundamentais de O Caminho Infinito é que a experiência mística, que é realmente O Caminho Infinito, nunca pode ser limitada ou confinada dentro das fronteiras de uma organização. Por essa razão, não há nada a que alguém possa pertencer; não há regras ou regulamentos, exceto "a disciplina da Alma", que governa qualquer pessoa que adote seus princípios. Cada um é livre para vir e ir ou permanecer como parte desse movimento de consciência, destinado ao despertar da consciência mística em toda pessoa e, finalmente, a revelar o aqui e agora do reino do céu.

LORRAINE SINKLER

Palm Beach, Flórida

I

A Natureza do Poder Espiritual

1

O Ateísmo do Poder Material

O medo domina a humanidade, pois, incutido na mente humana, faz o homem esquecer-se de que Deus é a sua própria vida e que a vida não pode ser destruída nem por uma bomba nem pela vontade dos tiranos. A sugestão de um mundo hipnótico faz com que o homem pense ter vida própria e que ela pode se perder. Em termos humanos, isso é verdade. Espiritualmente, sob a proteção de Cristo, não o é. O Mestre entregou sua vida humana e provou então que nem sua vida, nem seu corpo poderiam ser destruídos. Nem nossa vida individual, nem nosso corpo podem ser destruídos pela vontade ou pela ação humanas, quando conhecemos a verdade sobre a vida.

No ataque a Londres durante a Segunda Guerra Mundial, um casal concordou com o fato de que, por ter aceito Deus como a sua vida, segurança e proteção, não construiriam, como seus vizinhos, um abrigo antiaéreo. À noite, quando começava a *blitz* e os vizinhos iam para seus abrigos, eles se ofereciam para observar sinais de incêndio e patrulhavam as ruas. Nem eles nem a sua casa foram atingidos, ainda que houvesse muita destruição ao redor. Nada atingia a moradia deles pela simples razão de que a sua moradia não era Londres, uma casa, ou um abrigo antiaéreo. A sua moradia era Deus; eles viviam, moviam-se e existiam em Deus.

"O Senhor é meu rochedo, e o meu lugar forte".[1] Muitas pessoas acreditam que isso significa que Deus lhes enviará uma fortaleza de tijolos e cimento.

---

1. II Samuel, 22:2.

Não é esse, absolutamente, o significado. Quer dizer literalmente que é em Deus que "vivemos, nos movemos e existimos".[2] Mas o gênero humano tem-se separado dessa fortaleza, de Deus, buscando segurança e proteção em coisas materiais.

Ser Um Discípulo de Cristo

E lançaram mão dos apóstolos e os puseram na prisão pública, mas de noite um anjo do Senhor abriu as portas, tirando-os para fora".[3] O discípulo do Cristo, que não acredita que segurança, proteção, saúde e harmonia devem ser encontradas nas coisas materiais, é crucificado e ressuscitará. Esse indivíduo, renascido do Espírito, vive na Quarta Dimensão da vida. Ele ainda está no mundo, mas não pertence a ele. O discípulo de Cristo caminha pelo mundo e labuta nas mesmas tarefas diárias como os outros, quer seja nos negócios, nos serviços domésticos, nas artes ou em qualquer outra profissão; porém, não está sujeito às suas crenças, seus temores ou seus poderes. O Mestre disse: "Não peço que os tires do mundo, mas que os livres do mal".[4]

"No mundo tereis aflições".[5] Essa aflição existe porque o mundo crê em todas as formas de poder: o poder da hereditariedade, o poder do pecado, o poder da enfermidade, o poder das bombas, o poder das guerras, o poder dos falsos desejos e o poder da temperatura e do clima. Mas, quando o Mestre disse que seus discípulos ficariam no mundo, mas não estariam sujeitos aos seus poderes, deu um exemplo para seguirmos.

Nossa súplica é que sejamos deixados no mundo e que possamos ser uma luz para as pessoas que ainda temem morrer, como se a experiência da morte pudesse ser o fim da vida. Não importa quão perto de Deus uma pessoa possa estar, cada um, mais cedo ou mais tarde, deixa este plano; mas, a menos que ele tema a extinção, não há nada a temer nessa experiência transitória. Como a luz do mundo, aqueles que alcançam a consciência mística estão revelando a este mundo que não há necessidade de temer os seus poderes.

---

2. Atos, 17:28.
3. Atos 5:18, 19.
4. João 17:15.
5. João 16:33.

Eu posso lhe dizer como avaliar seu progresso espiritual. Enquanto você acreditar que a destruição de uma outra vida para salvar a sua própria é justificável, você permanece naquele estado da condição humana de preocupar-se apenas com o seu próprio eu, em vez de preocupar-se com o Si mesmo. Enquanto você tiver desejo de destruir outra vida para salvar a sua, não compreenderá a mensagem de Jesus Cristo quando diz: "Ninguém tem maior amor do que este: de dar alguém a sua vida pelos seus amigos".[6]

Viver Fora do Princípio da Natureza Pessoal

Na Primeira Guerra Mundial, servi como voluntário na Marinha dos Estados Unidos e, embora naquele tempo eu fosse um jovem estudante de Metafísica, aprendi que é possível me proteger dos poderes deste mundo refugiando-me em Cristo, de quem nenhum poder do mal pode se aproximar. Orei desse modo durante semanas, até que um dia fiquei impressionado; fui tomado com a idéia de que Deus devia ser horrível se, ao dizer abracadabra, eu pudesse ser protegido, ao passo que todas as pessoas que não a conhecessem, seriam mortas ao saírem. Lá estaria eu com minha arma, matando a torto e a direito sem ser tocado. Mas, os pobres companheiros que não conhecessem esta fórmula mágica, poderiam morrer. Eu não podia acreditar que existisse tal Deus e percebi que havia algo errado com essa forma de oração. Por não conhecer outra decidi não orar novamente até que tivesse aprendido a fazê-lo corretamente.

Os dias passaram, e recusei me ocupar com qualquer oração protetora desse tipo, até que um dia, aparentemente por ocaso, derrubei minha Bíblia no chão. Ela caiu aberta nesta passagem: "Eu não rogo somente por estes".[7] Senti o coração e os ombros aliviados de um peso que os oprimia, e disse: "Obrigado, Pai. Nunca rezarei novamente para mim ou para os meus somente. Agora, porém, minha prece é que a graça de Deus envolva a humanidade, que a graça de Deus toque todo ser vivo para a vida espiritual".

Quanto a mim, aconteceu um milagre. Fui transferido de um local para outro, de uma obrigação para outra, mas nunca mais, durante a guerra, fui sequer mandado para perto de qualquer sítio, de onde pudesse atingir alguém ou mesmo ser atingido. Vi então

---

6. João 15:13.
7. João 17:20.

que não só havia proteção para mim, como também havia proteção a partir de mim. Desde então, aprendi uma grande lição, que narrei no capítulo "Ame teu Próximo", no livro *Exercitando a Presença*.* O princípio é que há somente um Eu, e que é o Próprio-Deus.

A vida de Deus é a minha e a sua vida; a alma de Deus é a minha e a sua alma; o Espírito de Deus é o meu e o seu espírito; a verdadeira individualidade de Deus é a minha e a sua individualidade; e isso significa que nós somos unos em filiação espiritual. Qualquer coisa que me beneficie, deve beneficiar você; qualquer coisa que me prejudique, deve prejudicar você, pois nós somos um só. Tudo o que for uma bênção para mim, deve ser também para você; e tudo o que é graça divina para você, deve ser também para mim, pois nós somos um só.

Se eu fizer algo danoso para você, estarei fazendo a mim mesmo, pois só existe um. Se eu fizer algo de natureza oculta, não estou ocultando de você; estou ocultando de mim. Se eu fizer algo destrutivo, não estou prejudicando você; estou prejudicando a mim mesmo, pois nós somos um só. Freqüentemente queremos saber por que estamos pagando as penas da enfermidade, do pecado ou da pobreza, sem compreender o que fizemos à humanidade.

Para o mundo, há um, apenas um único meio de ação: é através de obras. O mundo realiza seu bem e seu mal pelas obras, mas essa não é a sua ou a minha verdade. Mesmo se nos abstivéssemos das más ações, ainda assim não seria suficiente. Mesmo se realizássemos boas obras, não seria suficiente. Paulo disse que: "ainda que distribuísse toda a minha fortuna para sustento dos pobres e ainda que entregasse o meu corpo para ser queimado, e não tivesse caridade, nada disso me aproveitaria".[8] E o Mestre disse-nos que, se não cometêssemos nenhum desses pecados, mas permitíssemos que eles ocupassem o nosso pensamento, ainda assim seríamos pecadores: "Eu, porém, vos digo que qualquer que atentar numa mulher para a cobiçar, já em seu coração cometeu adultério com ela".[9]

Assim é que as boas obras não são suficientes para nós. Absterse das más obras não é o bastante. Devemos avançar um passo além e não prestar falso testemunho contra o próximo.

---

* Joel Goldsmith, *Practising the Presence* (Nova York, Harper and Row, 1958).

8. I Coríntios 13:3.

9. Mateus 5:28.

Silenciosa e secretamente, devemos compreender que Deus é a vida de todo indivíduo, quer o saiba ou não, quer viva ou não para Ele.

No exato momento em que começarmos a conhecer a verdade de que Deus é a vida de todo mundo, que a graça divina é suficiente para todas as pessoas em todo lugar, quando começarmos a orar por aqueles que estão arruinando este mundo — oremos para que a graça de Deus abra a alma e a consciência deles para a verdade do ser, oremos para que todo mundo seja um instrumento pelo qual Deus possa agir livremente, oremos para que a luz de Deus toque a consciência obscurecida deles — então e somente então começaremos a "morrer a cada dia" [10] para os meios humanos de vida e renasceremos como filhos de Deus que já não têm de dirigir o pensamento para a vida, mas que agora vivem pela Graça.

Viver Pela Palavra

Nossa vida no caminho espiritual é em parte uma experiência iluminada, sempre acompanhada por uma viva demonstração prática da harmonia com Deus. Tudo o que lemos na Escritura e que vem com o poder e com a força da revelação, torna-se o princípio de ação de toda a nossa vida para chegar à união consciente com a origem.

Fundamental para isso é a afirmação mística: "E o Verbo se fez carne, e habitou entre nós".[11] Tentamos, na medida do possível, não só basear toda nossa experiência em Deus, mas também viver nEle, através do verbo, de modo que nossa atividade diária se torne o próprio Deus em ação. A palavra de Deus torna-se tangível em nossa experiência. Nós não vivemos uma vida individual e separada de Deus. Pelo contrário, qualquer fase de nossa vida que tenha seu fundamento em nossa volição e desejo humanos, descobriremos, no final das contas, ter sido uma experiência infeliz e inútil.

Suponha que acordemos esta manhã, sabendo que teremos pela frente um dia cheio de atividades, um dia que exigirá muito de nós, exigências provavelmente de natureza extraordinária, algumas das quais não seremos capazes de satisfazer. Pode ser um desses dias em que sabemos que não depende de nós o que o dia vai gerar; por-

---

10. I Coríntios 15:31.
11. João 1:14.

tanto, vivendo de acordo com o Verbo e permitindo que o Verbo viva em nós, voltamo-nos para nossa consciência interior em busca de alguma explicação, alguma revelação, alguma mensagem, que virá do reino de Deus dentro de nosso próprio ser.

Se formos pacientes e compreendermos sinceramente que há um reino de Deus dentro de nós e que o Verbo pode revelar-Se a nós da nossa própria interioridade, finalmente ele virá, não tão facilmente, a princípio, de forma mais imediata, com a prática. Então podemos sentir ou ouvir dentro de nós mesmos: "O Senhor aperfeiçoará o que me concerne".[12] Imediatamente, uma sensação de alívio nos vem, a responsabilidade desaparece, porque agora temos a certeza de que o fardo não está somente sobre os nossos ombros. Com isso, provavelmente nos lembraremos também de que "maior é o que está em vós do que o que está no mundo".[13] O que está dentro de mim é maior do que qualquer problema que eu possa enfrentar neste dia. O que está dentro de mim é maior do que qualquer exigência que me possa ser feita. Agora temos a verdadeira palavra de Deus habitando nossa consciência e já não mais enfrentamos o dia sozinhos, mas com Deus.

Não há problema de trabalho de qualquer tipo que não possa ser resolvido dessa maneira. As pessoas que tentam dirigir uma atividade sozinhas podem ter sucesso real, podem falhar ou podem ter apenas um sucesso nominal, mas esse trabalho estará sempre sujeito às condições do dia. As pessoas que vivem em contato com a Chama interior, que habitam no Verbo e permitem que o Verbo habite nelas, não têm, porém, preocupação de qualquer tipo, a não ser realizar o que lhes cabe a cada dia. Acham que, nos bons ou maus tempos, a providência sempre se incumbe de garantir a sua sobrevivência com sucesso.

Quando um indivíduo começa a entregar-se a Deus, procurando sempre conhecer a Sua vontade e ser instrumento para o Seu desempenho, a palavra de Deus se torna o verdadeiro Cristo nele, que o habilita a ser uma luz para este mundo e um servo de todos.

Quando mantemos nossa consciência ocupada com a palavra de Deus, atraímos a harmonia, a paz, a prosperidade, a saúde e a graça que fluem d'Ele. Na medida em que vivemos nossa vida separados da palavra de Deus, causamos a experiência mundana da carência, da limitação, da guerra, da discórdia ou desarmonia a nós mesmos.

---

12. Salmos 138:8.
13. I João 4:4.

Quando deixarmos o Verbo habitar em nós, o Verbo se tornará carne e morará entre nós; e a paz e a prosperidade serão a lei para nossa família. Se deixarmos de nos firmar na Presença do Senhor — levantando pela manhã, tomando banho, vestindo-nos, indo para o trabalho, dirigindo a família — e não preenchermos nossa consciência com a palavra de Deus, provavelmente estaremos nos tornando vítimas de tudo o que acontece no mundo. Então, retornamos às nossas velhas idéias pagãs de culpar a Deus. Deus nunca nos abandona, nós o abandonamos. Não há melhor modo de abandoná-lo do que acreditar que a influência divina não é maior do que a influência de uma bomba, de um germe ou de um tirano.

No momento em que começamos a temer qualquer poder, seja ele o poder de uma pessoa, de uma coisa, ou de uma ideologia, abandonamos a Deus. Quando permitimos que o medo de nosso corpo ou o medo da enfermidade entre em nosso pensamento, abandonamos a Deus, pois abandonamos a percepção interior e o conhecimento que cada um de nós deve ter de que Deus é maior do que essas coisas. Nós tememos apenas porque acreditamos que o que tememos tem mais poder do que o Deus que adoramos.

Orando ao Espírito de Deus Para que Transforme o Universo Material

Deus é Espírito. E se Deus é o princípio criativo do universo, então este universo é uma criação espiritual e não física ou corpórea. Se isso é verdade, é tolice orar ao espírito de Deus, para que faça algo pelo universo físico que não tem qualquer existência verdadeira.

Estamos enganados quando oramos ao Espírito de Deus para que mude alguma espécie de matéria ou estrutura física. Deus não estará presente. A oração correta seria: "Desperta, tu que dormes, e levanta-te dentre os mortos, e Cristo te iluminará".[14] Então, tudo o que é necessário que se desperte em nós da ilusão do universo físico ou mecânico despertará e começaremos a tomar consciência da herança a nós legada como filhos de Deus, fruto do Espírito, eterno e imortal.

Necessitamos de mais pessoas para que possamos socorrer os que estão acomodados, àqueles que não tentam diminuir uma febre,

---

14. Efésios 5:14.

remover um tumor e que ficam paralisados em deter a insanidade. Para que eles compreendam que Deus é Espírito, que o fruto de Deus é espiritual e que naquilo que foi criado "nada que o contamine, abomine ou seja mentira penetrará".[15] Alunos de *O Caminho Infinito*, não dividam o corpo do ponto de vista orgânico. Este é um universo espiritual e somente Deus é poder. Seria ateísmo temer qualquer forma de matéria. É sabido que nem tudo é espiritual. Tentar mudar o universo material ou tentar interferir humanamente naquilo que vem ao mundo não nos levará a parte alguma. Não haverá paz permanente ao combater os males do mundo com as armas do mundo. O meio não é "nem por força nem por violência, mas pelo meu Espírito",[16] "neste encontro não tereis de pelejar; tomai posição, ficai parados e vede o salvamento que o Senhor vos dará".[17] Nem as armas mentais nem as armas físicas deste mundo constituem poderes. Se fossem ou se não houvesse ninguém para provar que elas não são, o mundo estaria perdido.

Mas de quem é a responsabilidade? Ela não é daqueles que conhecem a verdade e estão despertos para mostrar que os males do mundo não constituem poder? Mas estes males não podem ser detidos, exceto pela compreensão da inutilidade ou impotência daquilo que se declara como a grande força. Nós não podemos esperar para fazer isso, a não ser que estejamos dispostos a nos anularmos no tempo e ficarmos sentados a observar os nossos pecados e as enfermidades — olhar bem e reconhecer que:

Você não é força: você é o espírito carnal ou o nada; você é o "braço de carne" [18] *ou o nada. Você não poderia ter força a menos que ela viesse de Deus, pois não há força, mas Deus. Deus é a vida de todo ser, a imortalidade e a eternidade. Deus é a única lei, o único legislador. Não há lei da matéria; não há lei da enfermidade. Força material não é força: é uma declaração de força. Deus, Espírito, é força; e o Espírito é infinito, toda a força.* *

---

15. Apocalipse 21:27.
16. Zacarias 4:6.
17. II Crônicas 20:17.
18. II Crônicas 32:8.

* Os trechos escritos em tipos itálicos neste livro são meditações espontâneas que se revelaram no autor durante períodos de elevação de consciência. Eles não têm, de forma alguma, a pretensão de terem sido usados como afirmações, negações ou fórmulas. Foram inseridos para servir como exemplos de fluição livre do Espírito. Como os leitores praticam a Presença, eles também, em seus momentos de exaltação, receberão sempre inspiração nova e recente como a expansão do Espírito.

A menos que sejamos específicos em nosso conhecimento da verdade, específicos em nossa compreensão de que somos seres em confronto com as sugestões de forças mentais e físicas, que não são forças, elas continuarão a ser forças até que tenhamos a compreensão de suas impotências.

Na maior parte de nosso trabalho, as curas vêm rápidas e alegremente. O princípio envolvido é a compreensão de que acreditar que a força material é força, nada é, senão ateísmo. Deus é Espírito e força espiritual é a única força verdadeira. Qualquer outra declaração de força pode ser invertida ou anulada. Testemunhamos isso na cura de cada tipo de problema. As formas de matéria, as formas de corpo físico se transformam onde é necessário e, onde é necessário, novas partes do corpo crescem porque o Espírito é a substância fundamental e a realidade de todo efeito.

Na presença da realização espiritual, a materialidade não é força. Se ela aparece como infecção ou contágio, se aparece como hipnotismo ou o produto do hipnotismo, é o espírito carnal ou o "braço de carne". Portanto, não é nada, pois o Espírito é tudo e o real e o eterno. O Espírito é a lei.

Por causa da ação do Caminho Infinito pelo mundo todo e sobretudo por causa do próprio mundo em seu estado presente, é importante que todo aluno do Caminho Infinito sente-se e comece a fazer alguma ação saudável para provar que o pecado, a enfermidade e a morte não são a lei ou a realidade da vida. Provar que as leis mentais e físicas não são força, tornará possível um trabalho maior de anulação de todas as formas de hipnotismo, que parecem emanar dos indivíduos em altas posições e manter as pessoas na servidão. Devemos anular toda declaração de força mental ou física onde quer que a encontremos. Devemos aceitá-la como um compromisso de que, aonde quer que nossa atenção for atraída, por força física ou mental, nos sentaremos calma e pacificamente e compreenderemos que "nem por força, nem por violência", mas pelo Espírito de Deus tudo isso se tornará nulo e vazio.

Em qualquer lugar que possamos estar, esse será solo sagrado, o lugar que Deus nos concede para nosso culto. Nosso culto consiste na concepção do Espírito invisível como a lei e a causa de tudo o que existe. Através dessa concepção, sem usar poder mental ou força física, toda declaração de natureza ateística pode ser descoberta e destruída. Ela é destruída, não pela luta, não pelo conflito, não por pedir a Deus para fazer alguma coisa, mas pela concepção calma, pacífica e suave: "Obrigado, Pai, este é Seu universo espiritual, completo e total".

Algo mais que possa ser necessário conhecermos será dado de dentro de nós mesmos. Uma vez que alcancemos ou consigamos estar calmos e quietos, teremos apenas que começar o fluxo com algumas dessas verdades que conhecemos. Mas a força real e o tratamento verdadeiro virão de dentro de nós para nós mesmos. O que nos é comunicado de dentro é o Verbo vivo, nítido e poderoso.

O Silêncio

Sem levar em conta como podemos nos sentir quando entramos no estado de meditação, finalmente nos instalamos em uma paz interior e, quando isso ocorre, estamos em uma fase importante de nossa meditação porque o poder de Deus torna-se manifesto nesse período em que o espírito humano não está pensando. Sabemos que a verdade não é aquilo que cura, é o que acontece quando acabamos conhecendo ou pensando nela conscientemente. Então, nesse período de tranqüilidade, a palavra de Deus vem diretamente.

Declarando que a verdade é apenas um processo de se preparar para uma imobilidade e atenção interiores, então, ou algum pensamento vem a nós ou há apenas um sentimento, às vezes, mais importante do que quaisquer palavras. Quando esse sentimento, que pode ser como um alívio ou um respirar profundo, vem, o Próprio Espírito* começa a conduzir a nossa experiência. Maiores os trabalhos de restabelecimento, maiores as obras de restauração e reforma, e maiores são as obras de força espiritual realizadas, quando não há nem palavra nem pensamento, quando há tranqüilidade completa. Então, algo, a revelação do Espírito e Sua força, ocorre no interior.

A iluminação espiritual e a força espiritual vêm através de um completo silêncio do pensamento humano, da vontade e do desejo humanos. Nessa ausência completa do eu, quando há apenas uma paz interior, uma expectativa, lá vem aquele pequeno sobressalto, aquele leve respirar profundo, aquele pequeno suspiro, aquele pe-

---

* Na literatura espiritual do mundo, os variados conceitos de Deus são indicados pelo uso de palavras como *Pai*, *Mãe*, *Alma*, *Espírito*, *Princípio*, *Amor* e *Vida*. Portanto, neste livro, o autor usa alternadamente, os pronomes *Ele* e *Si* (*mesmo*) ao se referir a Deus.

queno alívio. É quando sabemos que o Espírito está em campo e a obra está sendo realizada.

É egoísmo acreditar que nossa compreensão sempre realiza o trabalho de restabelecimento. É uma excitação interna que realiza o trabalho, uma Presença e uma Força que Se revelam em estado de imobilidade, tranqüilidade e serenidade.

Deus nos alcança no silêncio. Dizem-nos que não há força na tempestade, no relâmpago, no trovão, mas somente na "voz mansa e delicada".[19] Eis onde está o poder de Deus, na "voz mansa e delicada" que fala dentro de nós quando estamos calmos e atentos, pacíficos, quietos e confiantes. O reino de Deus está dentro de nós e Ele revela a Si Mesmo. Ele pode revelar-Se na fala; Ele pode revelar-Se como uma luz; Ele pode revelar-Se meramente como um arder íntimo. Mas, quando Ele Se revela, alguma coisa acontece.

Quando entramos em meditação, temos apenas uma obrigação, que é esquecer cada uma e todas as pessoas neste mundo, voltarmos para dentro de nós mesmos e compreendermos que o reino de Deus está dentro de nós. Na tranqüilidade e confiança da meditação, ninguém, ou o problema de ninguém, entra em nossa mente. Tudo o que pertence ao Pai será libertado através da "voz mansa e delicada".

Em tal meditação, eu não estou pensando em ninguém; não estou pensando no problema de ninguém; não estou pensando em mim mesmo. Estou apenas existindo silenciosamente e esperando algum sinal de dentro que me diga que Deus está em campo. E eu espero até que ele venha — uma pausa para respirar, um sentimento de paz, uma sensação de libertação íntima. Então, sei que algo aconteceu porque a palavra de Deus, a presença de Deus, a respiração saiu de mim.

Jesus disse: "Eu bem conheci que de mim saiu virtude"[20] e a mulher foi curada. Ele sentiu libertação de alguma coisa estranha dentro do mundo, que os receptivos e os sensíveis apreenderam. Dizem que multidões foram curadas, quando estavam sentadas ouvindo-o. Podemos ter certeza de que Ele não sabia seus nomes ou pecados, enfermidades ou problemas. Ele não estava pensando nelas. Todo o seu pensamento estava voltado para um assunto: Deus. E quando estava sentado em silenciosa comunhão com Deus, ou

19. Reis 19:12.
20. Lucas 8:46.

mesmo quando estava ministrando ensinamentos, ainda mantinha aquele silêncio interior. Alguns tiveram curas imediatas e outros sentiram o Espírito tão poderosamente neles, que tiveram regeneração espiritual.

Desde o começo da história, o bem e o mal estão em guerra. Para nós, a batalha entre o bem e o mal só vai terminar quando compreendermos a natureza do poder espiritual e nos retirarmos para este silencioso e tranqüilo centro de nosso próprio ser e ficarmos em paz até que o Espírito de Deus esteja em nós. Nesse silêncio, o Espírito Santo desce e podem-se realizar curas de todos os tipos: reformação, cura do corpo ou do conflito.

O Espírito Santo não pode descer em nós enquanto formos um espírito dividido contra si mesmo. O Espírito Santo só pode descer onde o espírito que estava em Cristo Jesus está presente, o espírito que nunca condena ou julga. Só quando nosso espírito estabelecer-se em uma paz interior na qual não há julgamento, não há condenação, na qual não há nem bem nem mal porque tudo emana de Deus, pode o Espírito Santo descer e a influência saudável fluir para o exterior. Nós não devemos entrar no Eu interior volúvel, conhecendo o bem e o mal.

Externamente, podemos entender que estamos tratando da aparência do bem e do mal. Certamente, se não compreendêssemos isso, seríamos cegos e teríamos, até certo ponto, a atitude daqueles que apenas dão voltas dizendo: "Não há mal. Tudo é Deus". Aí, então, de repente encontram-se lançados ao mar.

Todo conceito finito é do espírito carnal, um sentido de individualidade ou poder separado de Deus; mas, com o reconhecimento, participamos do silêncio para compreender que o que aparece como o espírito do homem ou o "braço de carne" não é poder, não é presença, não é lei.

Não devemos ter medo de olhar para palavras como "infecção" e "contágio". Podemos olhar para elas e compreender:

Você é o demônio de seu pai ou nada, um produto do espírito carnal, que não é espírito e que não tem lei. Você é um nada, porque tudo que Deus realizou é bom e qualquer coisa que Deus não fez não foi feita.

Quando voltarmos à unidade, não condenando e não julgando, o Espírito Santo descerá em nós. Se alguns de nós pudermos ficar de pé, estar alerta para todo homem, mulher, criança e coisa em qualquer parte do globo e dizer: "Força material? Isso é ateísmo. Isso é reivindicar uma força separada de Deus. Só há uma força, a força do Espírito", milagres da Graça podem acontecer. Grupos pertencentes ao Caminho Infinito poderiam unir-se e decidir que todo dia da semana dispensariam um minuto pela causa da paz, um minuto para cerrar seus olhos, sorrir e agradecer a Deus que o poder material é ateísmo, mas que a confiança no Espírito de Deus, a presença de Deus, o poder de Deus, a palavra de Deus, tudo isso é a verdadeira força. A força material é a impotência, o "braço de carne". Certamente, então, a paz viria rapidamente.

Em uma visão, eu vi toda a força de armamentos como matéria morta, e vi que ela não poderia mover-se porque não havia ninguém para movê-la. Como alguém pode mover alguma coisa, se esse alguém está de pé diante dela com a palavra de Deus como sua consciência?

A maioria de nós conhece por experiência que a matéria não é força e também sabe que a palavra de Deus, que está na consciência do praticante, é a força. A matéria reage e volta-se da matéria doente para a matéria saudável não pela aplicação material, não pelo poder da força material, mas pelo poder do Verbo acolhido na consciência.

Esta prova diária de que a palavra de Deus na consciência individual é suficiente para deter o curso da matéria e transformar a matéria doente em matéria saudável, corpos doentes em corpos sadios, bolsos vazios em bolsos cheios, pessoas desempregadas em empregadas e reunir harmoniosamente capital e trabalho, está ocorrendo há anos.

Tudo que representa forma material ou força material — bombas, germes ou infecções — é inativo, é um nada. É preciso um indivíduo para movê-lo. Mas um indivíduo é livre para fazer o bem ou o mal, exceto quando está diante da força do Verbo. Então, perde-se toda a força que faz o mal. Isso porque as reformas ocorrem através do despertar da consciência de um indivíduo. Isso porque a cura dos falsos desejos, do alcoolismo e do vício em drogas foi realizada. A matéria morta — o álcool e as drogas — provou estar extinta em face de um indivíduo que mantém a palavra de Deus dentro dele, em sua consciência.

A palavra de Deus afasta o medo porque traz à luz a verdade de que na presença daquela Palavra não há força. Nada é força e ninguém é poder na presença da compreendida palavra de Deus. Se nós, seres humanos, só pensamos em nossos negócios particulares e não pensamos ou só ligamos um pouquinho para a Palavra, então não se pode dizer que temos o Senhor Deus, porque nós não temos.

O mundo inteiro estaria salvo e seguro e em paz, se as pessoas mantivessem viva a palavra de Deus em suas consciências. Não é lendo-a ou ouvindo-a que seremos salvos. Mantendo a palavra de Deus, a promessa de Deus em nossa consciência produziria harmonia, paz e saúde em forma de manifestação em nossa experiência. Então, já não estamos mais no túmulo da humanidade. Nós nos levantamos para a consciência mística da Unidade.

2

A Libertação do Poder Espiritual

No Caminho Infinito, deixamos para trás a crença teológica em um Poder divino que faz as coisas por engano ou por mal, um Poder divino que combate o mal, o pecado ou a enfermidade, e aceitamos como verdade o princípio místico de que o Espírito é onisciente, onipotente e onipresente, além do que não há mais nada. O que temos que demonstrar, portanto, é que na presença da força espiritual não há os poderes do pecado, enfermidade, necessidade, acidente, infelicidade ou qualquer outro tipo de miséria humana. Estas coisas negativas podem existir apenas na ausência da força espiritual.

As trevas só podem existir na ausência da luz. A força espiritual é freqüentemente descrita como Luz: a Luz do mundo, a Luz que ilumina o caminho, a Luz que ilumina nossos passos. Em toda literatura mística de qualquer parte, a Luz tem sido o símbolo da presença e da força espiritual. Esta Luz nunca combate as trevas. A Luz, que é o Cristo, nunca luta contra qualquer forma de discórdia.

Jesus nunca lutou contra o pecado, perdoou-o. Ele nunca combateu a doença, debateu com ela ou contra ela. Disse: "Levanta-te, e toma o teu leito, e anda".[1] Só há um registro, na Bíblia, de sua resistência ao mal e que é quando ele expulsou os "cambistas" do templo.[2] Minha crença pessoal é que foi essa a sua maneira de dizer a seus discípulos que nós temos que expulsar de nossa cons-

---

1. Marcos, 2:9.
2. Mateus, 21:12.

ciência todas as qualidades negativas e destrutivas. A consciência é o templo. As crenças negativas, supersticiosas, más, sensuais ou luxuriosas são os cambistas. Elas representam o sentido materialista que devemos banir de nossa consciência.

Afora o encontro de Jesus com os cambistas, o Mestre ensinou: "Não resistais ao mal".[3] "Mete no seu lugar a tua espada; porque todos os que lançarem mão da espada à espada morrerão".[4] A Luz do mundo não debate com as trevas, não luta ou tenta de qualquer modo afastar as trevas.

A Luz, sendo a Luz, não pode ser extinta por qualquer tipo de trevas.

"Onde está o Espírito do Senhor aí há liberdade".[5] Não diz: onde está o Espírito do Senhor, "há uma batalha", ou onde o Espírito do Senhor está, "há uma luta contra o pecado". Pelo contrário, onde o Espírito do Senhor está, há paz, há liberdade. "Na tua presença há abundância de alegrias".[6] Certamente, isso não indica batalhar ou lutar ou qualquer sentido de conquista. Antes, indica que onde Deus é compreendido, há paz porque não há nada a combater. A Luz não combate as trevas e na presença dela não há trevas, pecado, enfermidade, morte, necessidade, limitação, relacionamentos humanos infelizes. Se nós aceitamos isso como um princípio, demonstraremos força espiritual, a presença de Deus, e isso é tudo. Mas a elaboração deste princípio, em nossa experiência diária, é um assunto individual. Não há fórmulas, não há possibilidade de formular um meio específico de demonstrar isso.

O Mestre deu-nos o princípio da não-resistência, mas não nos mostrou como é feito. Depois que tivermos o princípio, cabe-nos ver como criá-lo na experiência diária e provar que na presença dessa força espiritual concebida, poder temporal, quer de natureza material, mental, moral ou financeira, não é uma força. De fato, nem mesmo existe na presença dessa Luz espiritual que somos.

A Quantidade Desconhecida

"Uma comida tenho para comer, que vós não conheceis".[7] Essa comida pode ser relacionada como força espiritual: Eu tenho

---

3. Mateus, 5:39.
4. Mateus, 26:52.
5. II Coríntios 3:17.
6. Salmos 16:11.
7. João 4:32.

força espiritual. Disso segue-se que temos domínio porque Deus nos deu este poder espiritual, que é o domínio. Assim, temos domínio, temos poder espiritual que o mundo não conhece. O mundo não tem, absolutamente, meios de saber mesmo se há tal coisa como poder espiritual ou o que o poder espiritual pode realizar. O sujeito do poder espiritual é uma quantidade desconhecida para a mente humana. É por isso que Charles Steinmetz, o grande cientista e perito em eletricidade, disse que a maior descoberta do século XX seria a descoberta do poder espiritual. O mundo humano está confiando no poder temporal. Está confiando em bombas e mísseis, está depositando sua fé em uma forma ou outra de poder mental ou físico, sendo que todos esses são poderes temporais. Mas disseram-nos para embainhar a espada e não resistir ao mal.

O Mestre disse mais: "Não temais".[8] O Mestre nos teria dito para não temer, se ele soubesse a respeito do poder atômico? Eu tenho certeza de que teria, porque Ele demonstrou que tinha descoberto o segredo do poder espiritual. Nós sabemos que na presença do poder espiritual, os poderes temporais não são poderes. Estamos provando isso, em alguma medida, na cura da enfermidade, na superação dos apetites e desejos pecaminosos, da necessidade, da limitação, dos acidentes e dos resultados dos acidentes; mas isso tem sido efetuado apenas em pequeno grau.

A Descoberta da Natureza do Poder Espiritual

Quando nos lembramos de que o princípio do poder espiritual foi dado ao mundo há quase vinte séculos, não podemos ser tão orgulhosos daquilo que foi realizado espiritualmente neste século. Na verdade, muito mais foi demonstrado durante os últimos setenta e cinco anos, do que nos mil e novecentos anos anteriores, e nos dá esperança e coragem de prosseguir e compreender que, mesmo não tendo alcançado plenamente, pelo menos estamos no caminho que leva à realização da natureza do poder espiritual.

Quando individualmente chegarmos a compreender isso, cada um de nós estará fazendo uma avaliação do trabalho de cura de nós mesmos e dos outros. Estaremos levando uma norma de paz, saúde e felicidade para a vida de outros, mas somente na medida que individualmente resolvermos o mistério do poder espiritual. Se um indivíduo compreende a natureza do poder espiritual, pode le-

---

8. Mateus 14:27.

var um pouco de harmonia a milhares de outros, mas será apenas um pouco de harmonia. Ninguém pode levar harmonia completa a outro. Isso é algo que cada um de nós deve fazer ao expulsar os cambistas de nossa própria consciência.

Todos nós temos cambistas em nossa consciência, no sentido em que todos nós temos alguma crença arraigada em duas forças: na enfermidade física e na saúde física, na enfermidade moral e saúde moral, ou na enfermidade financeira e saúde financeira. Essas são os cambistas que expulsamos, não combatendo, "não por força nem por violência",[9] mas pela compreensão. Essa compreensão vem ao nos perguntarmos como podemos levar poder espiritual à nossa experiência, à experiência do mundo, à nossa família, à nossa comunidade, aos nossos negócios ou atividade profissional e ao nosso governo.

A verdadeira pergunta que temos que fazer a nós mesmos é qual a intensidade de nosso desejo de conhecer Deus, de conhecer a força e a presença espirituais. Qual a medida de nossa fome e sede de realização espiritual? Poderíamos formulá-la deste modo: Que importância tem nosso problema? Para aqueles que ainda têm um bom comportamento físico e financeiro, a questão de conhecer a Deus pode provavelmente esperar até o próximo ano, o ano seguinte, daqui a cinco anos ou até que comecem a envelhecer. Mas, para aqueles que têm problemas de natureza suficientemente profunda ou séria, agora é a vez de buscar uma compreensão da natureza da força e da presença espiritual.

Quando compreendemos a natureza do Espírito, nós não temos que saber o que fazer com Ele. Não temos, absolutamente nada a fazer com Ele. Ele realiza Seu próprio trabalho. Uma vez que alcançamos a presença de Deus, essa Presença estabelece harmonia. Uma vez que atingimos a compreensão da natureza da força espiritual, somos a Luz e não há trevas a dispersar.

Mas como manifestamos ou expressamos a Luz espiritual e compreendemos a força espiritual? Qual a natureza da Luz espiritual? Qual é a natureza da sabedoria espiritual? Alcançando essa sabedoria, nada mais temos a fazer. Não temos que empregar a sabedoria espiritual quando a possuímos. "Na tua presença há abundância de alegrias", abundância de Luz e, nessa Luz, não há trevas. Nunca precisamos nos preocupar com a cura das doenças

---

9. Zacarias 4:6.

ou como vencer o pecado ou a necessidade. Temos apenas uma preocupação: conhecer a Deus, conhecer a natureza da presença e da força espirituais, transformar esta Luz do mundo em manifestação. Além disso, nada temos a fazer a respeito do pecado, enfermidade, necessidade ou limitação, porque na consciência da força espiritual esses problemas não existem.

Elevando-se Acima do Nível do Problema

Recentemente recebi uma carta contando-me sobre uma parte dos bens imóveis que o proprietário queria vender, explicando-me como esta venda faria feliz e beneficiaria alguém. Imediatamente ocorreu-me que no reino de Deus não há bens imóveis. Não podemos levar um problema de bens imóveis a Deus, porque não há bens imóveis ou problemas de bens imóveis em Deus. Um bem imóvel não pode ser vendido pensando-se nele. Não podemos encontrar o problema no nível do problema. Devemos reconhecer que, se Deus não sabe nada sobre bem imóvel, isso não é da nossa conta. Tudo que somos obrigados a fazer é conhecer a Deus, trazer à luz a força espiritual em nossa consciência.

Quando as pessoas me escrevem sobre emprego, conscientizo-me de que no reino de Deus não há emprego; não há patrão e não há empregado. Às vezes, de um ponto de vista metafísico, diz-se que Deus é tanto patrão como empregado; mas, em Deus, só há Espírito. O que estão fazendo é tentar remendar nosso conceito de paraíso, e no paraíso não há patrão nem empregados.

"O Meu* reino não é deste mundo".[10] "Meu reino" não inclui bens imóveis ou emprego. "Meu reino" contém a graça de Deus. Então, o que é "Meu reino" que não é deste mundo? Eis uma pergunta a ser respondida no âmago da consciência. Tudo o que sabemos sobre o reino de Deus é o que o Novo Testamento diz que não é deste mundo. Tudo o que sabemos sobre paz espiritual é que este mundo não pode oferecê-la. Se pensamos que vamos resolver nosso problema e encontrar paz vendendo os bens imóveis ou conseguindo emprego, tudo que estamos fazendo é nos perpetuar no sentido humano da vida, ao passo que, se pudermos descobrir dentro de nós

---

* As palavras "me", "meu" "a mim" e "o meu", escritas com letras maiúsculas, referem-se a Deus.

10. João 18:36.

mesmos a natureza do poder espiritual, descobrimos o grande segredo da vida.

Sempre houve diferentes formas e diferentes graus de força material no mundo, desde o arco e flecha até a bomba atômica. No século passado, também se levantou a questão da força mental e de como fazer uso dela: como praticá-la para ganhar amigos, influenciar e controlar outras pessoas. Mas em relação à força espiritual, estamos lidando com uma força desconhecida do espírito humano, porque este último não pode compreender ou receber a sabedoria espiritual. "O homem natural",[11] o espírito carnal, "não está sujeito à lei de Deus, nem, em verdade, pode estar".[12]

A mente humana não pode conhecer a lei de Deus. Como, então, eu e você havemos de conhecê-la? Primeiro, temos que parar de pensar em termos de bens imóveis, empregos, febres ou germes, necessidade ou abundância, enfermidade ou saúde, pureza ou pecado e todas as coisas que dizem respeito a este mundo e ao ser humano, à "criatura".[13] Temos que nos voltar para o nosso interior: Qual é a natureza da minha identidade com Cristo? Qual é a natureza do meu Eu criado à imagem e à semelhança do Deus?

A Natureza da Individualidade Espiritual

Ninguém duvida por um instante de que alguma parte de nós foi feita à imagem e semelhança de Deus. Alguma parte de nós deve ser divina; alguma parte de nós deve ser a filha espiritual de Deus que recebe as coisas d'Ele e conhece o Pai face a face. Há alguma parte de nós que pode dizer: "Eu vivo, não mais eu", — eu tenho presença e força espirituais — "mas Cristo vive em mim".[14]

A tarefa de cada um de nós é voltar-se para dentro da questão: Qual é a natureza da minha individualidade espiritual? Qual é a natureza de minha filiação, minha filiação espiritual, minha filiação divina? Qual é a natureza do "mim" que Deus criou à Sua própria imagem e semelhança? Qual é a natureza do filho de Deus, a quem o Pai diz: "Filho, tu sempre estás comigo, e todas as minhas coisas

---

11. I Coríntios 2:14.
12. Romanos 8:7.
13. Romanos 8:20.
14. Gálatas 2:20.

são tuas"?[15] Deus não o está dizendo a mim como um ser humano, porque na condição de homem eu não tenho todas as graças, oferendas, saúde e harmonia de Deus.

Mas há uma parte de mim que recebe as graças divinas de eternidade a eternidade. O amor de Deus não muda; as dádivas de Deus são eternas. Assim, sondamos profundamente nosso interior para o mistério da vida, e cada um de nós deveria mergulhar dentro de si e perguntar: "Quem sou? O que sou? Quem sou à imagem e semelhança de Deus? O que sou à imagem e semelhança de Deus? O que sou como o filho de Deus? No que me concerne o que está recebendo a graça de Deus de eternidade a eternidade, e que nunca esteve e nunca estará sem ela? Que parte de mim é a individualidade espiritual, que é herdeira de Deus, que vive "não por força nem por violência", mas pelo Espírito de Deus que está em mim? Essa é a natureza de nossa busca e o que ela deve ser.

Na presença da soberania com que Deus nos dotou, não há problemas, pecados, necessidade ou doença a superar. "Nem a morte, nem a vida... poderá nos separar do amor de Deus".[16] Do ponto de vista de nossa condição humana, estamos todos separados do amor de Deus. Então, o que é esta pessoalidade de Cristo em nós que nunca pode ser separada do amor de Deus, da vida de Deus, da imortalidade de Deus, do ser infinito de Deus? Vamos começar a descobrir a natureza da pessoalidade de Cristo e da soberania que Deus nos deu no princípio, que nunca foi tirada de nós e que ainda temos em nossa identidade espiritual.

Qualquer que seja a medida da qualidade messiânica que trazemos à luz, torna-se uma lei de restabelecimento para as pessoas que se voltam para nós. Qualquer que seja a medida de autonomia espiritual que podemos alcançar, resolve e dissolve os problemas dessas pessoas. Qualquer que seja a medida da sabedoria ou graça divina que pode ser revelada em nós, torna-se uma lei de harmonia e paz para elas. Na medida da realização da sua qualidade messiânica, elas, por sua vez, se tornam uma lei de harmonia na família e na comunidade. Finalmente, sua influência propaga-se mais longe no mundo na razão da medida de realização da natureza de sua individualidade espiritual, da natureza de sua autonomia espiritual e da natureza da Luz espiritual que são.

---

15. Lucas 15:31.
16. Romanos 8:38-39.

Se pudermos trazer à luz alguma medida de realização de nossa natureza cristã, de nossa individualidade cristã, e alguma medida de realização da autonomia espiritual com a qual fomos dotados no princípio, teremos uma enorme influência em nossa comunidade e no mundo inteiro.

Somos pioneiros na tarefa de levar a natureza do poder espiritual a incidir sobre os eventos humanos. Como alunos do Caminho Infinito, nossa função principal é apreender a natureza do poder espiritual e então levá-lo para efetiva experiência na terra. Quando inicialmente chegamos a um meio de vida espiritual ou metafísico, nosso principal objetivo foi encontrar soluções para nossos próprios problemas. Não há nada de errado nisso. Era assim que tinha de ser, porque ao encontrar um meio de resolver nossos próprios problemas, aprendemos que recebemos suficiente força espiritual para auxiliar os outros a resolver os seus.

A Evidência do Poder Espiritual

Ocorre um fato estranho neste estágio de nosso desenvolvimento. Começamos a ver que já não é necessário estar trabalhando em nossos próprios problemas porque, primeiro, temos tão pouco deles e, segundo, nossos problemas têm um modo de desaparecer sem qualquer reflexão pessoal sobre eles; assim, nossa vida finalmente é gasta em função dos outros. Abandonando nossos próprios problemas e devotando-nos aos outros, já não temos problemas e os poucos que aparecem são resolvidos rapidamente. Este é um princípio de vida.

Podemos dar um passo além e descobrir que atrás desse princípio há um ainda maior: nossas necessidades são encontradas na proporção de nossas dádivas. Nossas dádivas espirituais constituem a verdadeira substância e atividade de nossas provisões. Quanto mais damos, mais temos; quanto mais exercemos nossa autonomia, mais autonomia temos. Este princípio espiritual age em cada nível de nossa existência.

Entra nisso um princípio ainda maior: quanto mais consciência da dádiva tivermos, menos evidência há do eu. Logo aprendemos também que a eliminação total de nossos problemas vem com a eliminação de nosso pequeno eu, essa individualidade separada de Deus, essa individualidade pessoal. Abandonando isso, alcançamos o estado de consciência de nosso verdadeiro Eu.

Se você me pedisse ajuda, eu estaria pensando em termos de presença espiritual, força espiritual, sabedoria divina e vida divina. À minha consciência, chegaria a verdade de que Deus constitui ser individual: Deus constitui seu espírito, sua vida, sua alma; Deus é a lei para seu ser. Deus é o legislador. Deus é a atividade para sua experiência. E, porque Deus é infinito, nenhuma outra força pode permanecer como força. Todas as outras forças se dissolvem na luz da Luz.

Pela verdadeira natureza do filho de Deus, deve haver uma ausência de pecado, morte, necessidade e limitação. O filho de Deus ressuscitado é a Luz do mundo. Portanto, se o filho de Deus é concebido aqui e agora, a Luz do mundo é reconhecida aqui e agora. E neste reconhecimento da Luz, os gritos de socorro seriam ouvidos e a liberdade se manifestaria. Mesmo que não tivéssemos dado atenção a nós mesmos em qualquer parte desta oração, meditação ou tratamento, se o Cristo é compreendido, nossos próprios problemas teriam que desaparecer no mesmo instante que os deles, porque incluiríamos ambos naquela Luz. Não poderíamos manifestar a Luz e estamos nós mesmos separados dela.

A Compreensão da Presença de Deus Como Onipresença

Assim como nós reconhecemos a Onipresença, isto é, a presença de toda a sabedoria e conhecimento espiritual, reconhecemos que ela não pode ser confinada em uma sala ou lugar. Nosso Cristo concebido tem um modo de penetrar pelas fendas, entrando pela parede assim como o Mestre. Quando anunciamos a Onipresença, isto é, a sabedoria espiritual infinita, não estamos falando simplesmente sobre a sua ou a minha sabedoria. Estamos falando sobre Onisciência, toda a Sabedoria, e que teria que ser a sabedoria de todas as pessoas em toda parte de nossa cidade, comunidade, nação e mesmo do mundo.

Quando estamos em oração ou meditação, não estamos sentindo a presença de Deus em nós, mas a Onipresença, toda a Presença, em toda parte, igualmente. Desse modo, não podemos perder de vista nossa individualidade pessoal no reconhecimento de nossa Individualidade divina, que é a Individualidade de cada indivíduo. E, assim, podemos trazer a Individualidade divina para perto de nós. Então, em toda parte, há maior evidência de uma Sabedoria divina, um Poder divino, uma Presença divina, mesmo que a maioria das pessoas não saiba por que, como ou para quê.

Há uma razão espiritual para isso, que é importante compreender. Todo mundo na face na terra, sem exceção, está buscando a Deus ou um conhecimento de Deus. Não faz diferença como a pessoa falaria dessa busca, mesmo que ela fosse negativa por afirmar que não existe Deus. Mas isso seria como algumas pessoas que assobiam, quando andam pelo cemitério. Elas assobiam porque estão tentando se convencer de que não há fantasmas. Entretanto, com o assobio elas estão evidenciando o seu medo ou sua crença neles. Uma razão pela qual os ateístas negam a existência de Deus é que eles acreditam que há um Deus que não querem encarar, sem levar em conta nossos amigos ateístas por enquanto, se uma pessoa é católica, protestante, judaica, vedantista ou um seguidor de qualquer outra religião, há uma busca, uma ânsia, um impulso, interior para conhecer e encontrar a Deus. Se não houver nada mais, há a esperança de que Deus pode revelar-Se ou fazer-Se evidente. É esse desejo secreto do coração que torna todo indivíduo receptivo à oração e meditação, onde quer que vá. No íntimo, ele está desejando alguma orientação divina no sentido de saber o que é direito, o que é necessário ou o que há no futuro. Todo mundo deseja ardentemente conhecimento maior do que o seu próprio, sabedoria maior do que sua educação ou experiência têm dado. Enquanto este impulso estiver dentro do indivíduo, ele está orando e, enquanto ele estiver orando, haverá uma resposta à sua súplica.

Nossa oração pela paz é uma súplica de orientação espiritual. Enquanto estivermos conseguindo algo maior do que nós mesmos, receberemos orientação. Mas enquanto estamos recebendo orientação, nossos próprios problemas terão desaparecido porque a natureza deles foi, antes de tudo, uma ilusão. E nossa habilidade para ignorá-los e voltar para a realidade espiritual deu a essa inexistência uma oportunidade para dissolver-se no nada que é. É só enquanto estamos tratando de problemas que os perpetuamos. É este o motivo pelo qual em nosso trabalho nos desviamos do problema, para a realização do estado de consciência espiritual, isto é, a realização interior da identidade, da lei e da vida espirituais. Então, quando abrimos os olhos, o problema foi embora ou está de saída.

Neste estágio de nosso desenvolvimento espiritual, enquanto ainda queremos ver nossos pecados individuais, doenças e necessidades desaparecerem, sabemos, pelo menos, que eles desaparecerão apenas na proporção em que pudermos afastar nossa atenção deles e começarmos a compreender a onipresença da Graça infinita. Não há uma Graça divina que trabalha para você e para mim. A Graça divina é infinita em sua natureza e age em favor dos filhos de Deus, universalmente. Quando uma pessoa pergunta por que esta Graça sonega alguma coisa dela, é porque não está afinada com ela e não compreende a natureza universal da Graça.

A Finalidade Suprema da Revelação do Poder Espiritual

Quando começamos a orar por nossos filhos, nossa família, nossos vizinhos, quando ouvimos, vemos ou lemos sobre homens e mulheres reunidos para algum propósito nacional ou internacional, ou quando oramos pela realização da Onipresença, Onipotência e Onisciência, estamos orando pela liberdade deste mundo. Mas, porque estamos no mundo, nossas orações trarão nossa liberdade também. Não vamos pensar que podemos orar pela nossa liberdade, omitir o mundo e ter nossas preces atendidas. Não podemos pedir para a luz divina brilhar só em nosso jardim. Devemos orar para que o sol brilhe e deixá-lo brilhar nos jardins de nossos amigos e de nossos inimigos. Não podemos pedir a Deus a solução para nossos problemas e abandonar o resto. Não há Deus que ouça tais pedidos.

Deus é amor. Deus não ama ninguém isolado e separado do resto. Quando compreendemos o amor de Deus, nós compreendemos um ao outro. Mesmo que pudéssemos curar uma ou outra pessoa aqui e ali do mal do câncer, de que serve isso afinal se, através da revelação do poder espiritual, podemos fazer o câncer desaparecer da face da terra? Como seria insignificante a vida de um indivíduo, se ele pudesse conseguir completa harmonia sem se importar com o resto da humanidade!

Que grandeza tem a vida individual dedicada à compreensão da Onipotência, Onisciência e Onipresença! Com essa compreensão, as tempestades poderiam desaparecer e não se manifestarem mais, porque elas não são um fenômeno da natureza como se acredita cientificamente. As tempestades são fenômenos da consciência humana. Onde a consciência humana está em paz, as tempestades não acontecem. Podemos provar isso em nossos lares. Se encontramos a paz interior, as tempestades no lar e na família desaparecem. É necessário apenas que um indivíduo em família encontre a paz interior para transformar completamente a família.

Finalmente, a doença desaparecerá da face da terra. Até agora, quando a cura de uma doença é descoberta pela medicina, uma outra enfermidade geralmente surge para tomar o seu lugar. Isto é porque a doença não pode ser eliminada da consciência humana, visto que a consciência humana crê em duas forças e deve sempre demonstrar sua crença. Enquanto acreditarmos no bem e no mal, teremos períodos positivos e períodos negativos. Enquanto a consciência humana for indulgente ao ódio, ao ciúme ou à animosidade, eles se manifestam em alguma forma de doença. Se o mal for sanado de uma forma, ficará arruinado de outra, porque a causa é a consciência humana e sua crença nas duas forças.

A Purificação de Nosso Estado de Consciência

A doença é sanada, quando a consciência é purificada e isso é verdade individual e coletivamente. Quando permitimos que nossa consciência esteja em harmonia ou alinhada com o poder espiritual, a doença, o pecado, o medo e a necessidade são eliminados dela. Não podemos rogar a Deus para nos dar força espiritual a fim de afastar nosso problema, enquanto a causa dele permanecer e a causa é sempre a consciência humana. Portanto, devemos elevar nossa consciência a Deus. "E Eu, quando for levantado da terra, todos atrairei a Mim*",[17] se nós elevarmos nossa consciência para a filiação divina e deixarmos a Luz espiritual tocar nossa consciência e libertar-nos do ódio, da animosidade, do temor e do ciúme, não encontraremos doença, necessidade e medo. Então, todo nosso trabalho será harmonizar nossa consciência com o divino, franqueando-nos para a realização da Onipresença, Onipotência e Onisciência, orando com o coração: "Tua vontade seja feita em mim, não a minha".

Então, devemos abandonar qualquer um dos conceitos que foram recebidos: conceitos intersubjetivos, conceitos do mundo, conceitos de toda a humanidade. Por exemplo, eu e você, como seres humanos, temos recebido idéias de outras pessoas, de outras raças, de outras nações, todas falsas. Nós não sabíamos disso na ocasião, mas a maioria de nós o sabe agora. O preconceito foi desmedido antes da Primeira Guerra Mundial. Houve preconceito de cor e preconceito religioso e ideologias políticas que induziram as pessoas a lutar umas com as outras. Essas ideologias não eram necessariamente certas ou erradas, mas preconceito resultante dos motivos que atribuímos àqueles que os defendiam.

---

* *Mim* com maiúscula, porque se refere a Deus.
17. João 12:32.

Devemos eliminar de nossa consciência o ódio, o medo e a desconfiança, através do conhecimento de que eles representam simplesmente nossos falsos conceitos uns dos outros. Quando nos dispusermos a renunciar a estes e reconhecer que na essência do ser de cada um de nós reside o mesmo filho de Deus, nos afinaremos com os princípios espirituais e começarão a resultar as curas. Não temos que pedir a Deus para curar-nos. Houve milhões de pessoas que morreram enquanto oravam, pedindo a Deus para curá-las. Tudo o que precisamos fazer é começar a amar nosso semelhante como a nós mesmos e, desse modo, colocarmos nós mesmos em harmonia com as leis de Deus para que elas possam atuar.

As leis de Deus não podem atuar em uma consciência cheia de falsos conceitos. Devemos nos harmonizar com o divino. Se olharmos para as pessoas e virmos todas as suas diferenças humanas, em breve gostaremos de algumas e não gostaremos de outras; vamos confiar em algumas e desconfiar de outras. Teremos tantas diferenças, que nossa própria cabeça ficará confusa.

Se, contudo, pudermos reconhecer que, apesar das aparências, a Divindade é a natureza do ser de cada pessoa e que Deus nos fez à Sua própria imagem e semelhança, estamos conhecendo a verdade sobre todas as pessoas. Se alguém está representando ou não aqui na terra, não é da nossa conta; e se estivermos cientes de qualquer pecado em outra pessoa, ao invés de participar do julgamento, deveríamos praticar, no íntimo, o princípio do Novo Testamento: "Não julgueis para que não sejais julgados".[18]

Portanto, não julgaremos; tomaremos a atitude: "Pai, perdoa-lhes, porque não sabem o que fazem".[19] Estamos percebendo que toda pessoa é um ramo da mesma árvore, a Árvore da Vida. Nisso não há julgamento, não há crítica. Há perdão "setenta vezes sete",[20] perdão e uma oração para que seus olhos estejam abertos. Isso é nossa própria harmonia com o Divino, tornando-nos receptivos à cura, à Graça e à proteção divinas, porque eliminamos nossos conceitos humanos das pessoas e as estamos vendo como imagem e semelhança de Deus, vendo-as espiritualmente como o verdadeiro Cristo de Deus. Nós não estamos usando nosso julgamento humano; estamos usando nossa intuição espiritual para reco-

---

18. Mateus 7:1.
19. Lucas 23:34.
20. Mateus 18:22.

nhecer que Deus fez todos nós à sua própria imagem e semelhança, considerou-nos e achou-nos bons.

Não há nada em nós de crítica, condenação, julgamento e, portanto, nossa consciência está aberta para receber a graça de Deus. Se nós acreditamos que há duas forças, estamos levantando uma barreira em nossa própria consciência. Se, contudo, estamos compreendendo a Onipotência, a Onisciência e a Onipresença, estamos novamente em harmonia com o exercício do poder espiritual, com a sabedoria espiritual.

Na proporção em que nos identificamos com princípios revelados nos ensinamento do Mestre, nossa consciência está imbuída de poder espiritual do Alto. Acreditamos em Jesus Cristo como sendo a alma mais iluminada que já passou pela terra, porque nunca ouvimos ou lemos sobre qualquer mau sentimento em sua natureza. Ele foi dotado lá das alturas com poder espiritual, porque tinha esse grau de consciência preparado para recebê-lo. Ele não alimentou dentro de si mesmo crítica, julgamento, antagonismo ou desejo de beneficiar-se com o poder temporal. Ele não tinha dentro de si qualquer desejo de ver alguém punido, não obstante o pecado. Em outras palavras, sua consciência era pura. Portanto, ela poderia ser a transparência para a presença e o poder de Deus.

O Mestre mandou-nos ser e agir à sua semelhança, mas não podemos ser dotados de poder espiritual, enquanto nos apresentarmos a este mundo com uma disposição carnal. Apenas na medida em que podemos orar um para o outro, amigo ou inimigo; apenas na medida em que podemos compreender a Onipotência, a Onisciência e a Onipresença universalmente, é que nossos problemas são desfeitos e nossa consciência se torna uma transparência para o poder espiritual que nos habilita a curar, regenerar, perdoar e satisfazer os outros.

Até que possamos nos transportar àquele lugar onde estamos dispostos não só a curar, mas a alimentar e vestir multidões, até que estejamos dispostos a ser usados para espalhar este suprimento de dólares ou coisa que o valha, não estaremos abrindo nossa consciência para o dom espiritual, porque o espiritualmente dotado não recebe: eles são os meios pelos quais é dada a graça divina. Enquanto estamos orando para receber, estamos obstruindo a força espiritual.

Quando estamos orando, "Pai, eu estou desejoso de curar e alimentar as multidões. Deixe apenas Sua graça fluir", nós a encon-

37

traremos fluindo. Que engano é a crença de que nós podemos orar para obter algo para nós mesmos, quando realmente podemos receber somente quando estamos orando a fim de dar, compartilhar e multiplicar. O resultado dessa oração egoísta é que formamos um ego, um sentimento pessoal e então procuramos Deus para aumentá-lo. Deus não amplia a sua ou a minha fortuna pessoal, por mais que queiramos que Ele faça isso. Só quando começamos a derramar até mesmo o pouco que temos, é que a nossa própria fortuna aumenta além de qualquer medida possível de nossas próprias necessidades.

Nessa idade, a força espiritual e a natureza de sua tarefa são descobertas. À medida que continuamos a aprender cada vez mais sobre a força espiritual, nos prepararemos para ser instrumentos dignos de seu fluxo — não tanto para seu bem ou o meu, mas para que o mundo inteiro possa estar envolvido pelo amor divino. Então você e eu partilharemos dele porque somos partes desse mundo.

3

Poder Espiritual Revelado

Quando as pessoas chegam ao desespero, seus ouvidos mais uma vez estão sintonizados para ouvir a Palavra do interior e seus olhos estão abertos ao poder espiritual. Em período de prosperidade temporal e poder temporal, isso é esquecido. Dá-se muito pouca atenção ao fato de que em toda época a fé foi identificada nos poderes material ou temporal. Deve ser surpreendente àqueles que confiam totalmente no poder material ler a história dos faraós e compreender que os hebreus, sem armas, munição, exército ou recursos financeiros, escaparam de seus soberanos, que tinham ouro e prata, soldados, cavalos e armamentos. Sem armas, tesouros, celeiros ou qualquer tipo de poder temporal, o Mestre elevou seu povo acima da autoridade dos Césares e lhe revelou a natureza da verdadeira liberdade e abundância.

Desde aqueles tempos, temos visto a ascensão de desapiedados ditadores e o aperfeiçoamento de poderosos exércitos e marinhas. Houve grandes concentrações de força e riqueza em alguns países. Certamente, com tudo isso, pareceria que não haveria fim para esses reinos poderosos, mas nós temos que aprender história somente para ver como todo esse poder tombou e tornou-se nada. Sempre chega a hora de o poder temporal fracassar, quando os mais poderosos caem e quando aqueles dos quais tudo pareceria indicar que nunca escaparíamos demonstram sua fraqueza. Quem teria acreditado que os russos poderiam se livrar de seus czares? Tal façanha deve ter sido inimaginável com todos os exércitos, poder e riqueza com que os czares contavam. E, no entanto, em pouco tempo o poder extinguiu-se.

Um Mundo Perseguido Pelo Medo

Hoje parece termos esquecido a história. Nós nos permitimos experimentar o medo e a dúvida, dúvida de que sobreviveremos ou de que a liberdade sobreviverá. Por mais que tenhamos poder temporal, temos medo de confiar e por mais poder temporal que alguém tenha, estamos sendo preparados para temer. Isso é porque esquecemos que o poder temporal nunca é um poder, quando o poder espiritual está em cena. Nós nos esquecemos completamente dos três anos de ministério de Jesus Cristo, no qual enfrentou todo tipo de tentação, todo tipo de poder e provou sua inutilidade. Provou que o pecado não significava nada em sua presença, assim como a doença; a própria morte foi dominada. Ele quase riu quando Pôncio Pilatos disse: "Não sabes tu que tenho poder para te crucificar e tenho poder para te soltar?" Jesus respondeu: "Nenhum poder terias contra mim, se de cima te não fosse dado." [1]

As pessoas hoje no mundo inteiro estão cheias de aflição. Eu não estou me referindo apenas à ameaça das ditaduras alienígenas. Isso é apenas uma faceta do perigo hoje. Para alguns, a ameaça principal é a paz, porque nos períodos de paz surgem questões de como manter as pessoas empregadas, de como conservar o crescimento da economia e de como satisfazer as folhas de pagamento. Tudo isso gera o medo de uma depressão, porque a paz tem problemas também com os bilhões de dólares não gastos em armamentos e bilhões de dólares em folhas de pagamento não existentes. Além disso, há sempre alguma nova doença fatal para preocupar. De todo lado, nós somos ameaçados ou pelo poder temporal ou por sua deficiência; mas, quando todas essas forças temporais estão ameaçando nos tragar, é hora de lembrar-se não só que o poder espiritual age, mas como age.

Desde o tempo de Cristo, houve pouca evidência de que alguém tivesse qualquer conhecimento do poder espiritual. De fato,

---

1. João 19:10-11.

desde aqueles tempos, o poder espiritual, para todos os intentos e propósitos, não tem estado em ação em nosso mundo. Seu segredo se perdeu alguns séculos depois do Mestre. O nosso, contudo, é o século em que o poder espiritual deve ser revelado.

A Natureza do Poder Espiritual

Para conhecer a natureza do poder espiritual, devemos praticá-lo. Se falarmos de água, não extinguiremos a sede; devemos bebê-la. Se falarmos de alimentos, nunca satisfaremos nosso estômago; devemos comê-los. Assim ocorre com o poder espiritual. Pode ser descrito para nós, mas isso não o fará agir em nossa experiência. Para apreender sua natureza e processo, devemos incorporá-lo, praticá-lo e trazê-lo para nossa experiência.

No estado materialista da consciência, conhecemos e compreendemos a matéria e os valores materiais, as forças e os poderes materiais, mas Jesus Cristo, que trouxe para o mundo a mensagem cristã, provou que há uma outra dimensão. Quando ele disse: "Deixo-vos a paz, a minha paz vos dou: não vo-la dou como o mundo a dá",[2] ele estava falando da paz que vem de uma outra dimensão. Em sua afirmação: "O meu reino não é deste mundo",[3] é claro que o reino de Cristo não consiste de mais carros de batalha, mais cavalos, mais aviões, mais armamentos, mais ouro e mais prata. "Meu reino não é deste mundo" e, ainda, "Meu reino" domina "este mundo", sem couraçados, sem bombas e sem as armas de guerra do poder temporal.

O mundo religioso esteve tentando durante séculos obter o poder do Espírito para fazer alguma coisa pelo poder da matéria. Mas não trouxe paz à terra; não eliminou os armamentos do mundo e os transformou em "foices".[4] Nós cometemos um erro: o poder espiritual não é para ser usado para vencer o poder material. O poder de Deus não é para ser usado para vencer os pecados e doenças do mundo.

A natureza do poder espiritual é onipotência e o único meio de que dispomos para atrair o poder espiritual para nossa vida é observar qualquer fase do poder material — discórdia, desarmonia,

---

2. João 14:27.
3. João 18:36.
4. Isaías 2:4.

necessidade ou doença — e conceber: "Não tens poder! Nenhum poder terias contra mim, se de cima te não fosse dado!"

O Mestre não invocou o poder do Espírito para acalmar uma tempestade, ele simplesmente disse: "Cala-te, aquieta-te." [5] Deus está no furacão; Deus não está na matéria; Deus não está na força ou nos poderes materiais; Deus não está na temporalidade. Deus é Espírito e, além d'Ele, não há poderes.

Provamos isso èm muitas fases de nossa vida. Dezenas de milhares têm sido curados neste século, não pelo uso do poder de Deus de eliminar uma doença, não recorrendo ao Espírito para poder vencer as condições materiais, mas compreendendo silenciosamente que além de Deus não há poder. Temos testemunhado isso em nossas relações comerciais — nunca pela disputa, nunca pela pressão de uma campanha, mas sempre do mesmo modo, isto é, silenciosamente, pacificamente compreendendo: "Além de Deus não há nada mais."

Nós tentamos chegar a Deus para conseguir que Deus faça algo para alguma coisa que não tenha poder. Tentamos fazer uso da Verdade. Isso não pode ôcorrer. Não fazemos uso da Verdade; não fazemos uso de Deus. Isso seria fazer de Deus um servo. Deus não é nosso servo. Deus não é para ser usado. Deus é para ser compreendido. A Verdade não é para ser usada. A Verdade é para ser compreendida.

A Insensatez da Luta Pelo Poder Temporal

O Mestre eliminou a doença, a morte e o pecado. É vontade de Deus que sejamos integrais, completos, perfeitos, eternos, imortais, inocentes e puros. Não somos porque, em vez de compreender que a verdadeira natureza de Deus é onipresença e onipotência e permanecer silenciosa e pacificamente nessa verdade, nós vivemos à procura de Deus para que faça algo, como se Deus pudesse fazer algo hoje ou amanhã, que ele deixou de fazer ontem. Se Deus pudesse ter superado nossos problemas particulares, ele o teria feito, porque é vontade de Deus que vivamos. "Porque eu não tomo prazer na morte do que morre, diz o Senhor Jeová: convertei-vos, pois, e vivei." [6] "Porque eu desci do céu, não para fazer a minha vontade, mas a vontade daquele que me enviou." [7]

---

5. Marcos 4:59.
6. Ezequiel 18:32.
7. João 6:38.

Deus foi o mesmo ontem, é hoje e será para sempre, de eternidade em eternidade. Não podemos induzir a Deus a fazer algo amanhã. Dois vezes dois sempre foi quatro: mesmo Deus não pode mudar isso amanhã. Isso tem sido de eternidade em eternidade e assim será para sempre.

Nunca houve tempo em que Cristo não foi entronizado em nossa consciência: "Antes que Abraão existisse eu sou." [8] "Eu estou convosco todos os dias, até à consumação dos séculos." [9] Nós buscamos um poder, um poder divino, um poder de Cristo e ei-lo aqui. O segredo do poder espiritual é simples. Ao dizer: "Não resistais ao mal", [10] Jesus não quis dizer para sermos devorados por ele. Ele estava reconhecendo a verdade de que o mal não é o poder que parece ser. Quando ele disse: "Mete no seu lugar a tua espada... porque todos os que lançarem mão da espada à espada morrerão", [11] ele não quis dizer: "Mete no seu lugar a tua espada até 1980 e então saque-a." Ele falou da espada no sentido de poder temporal. Não faz diferença se é uma espada ou uma bomba, se é uma grande quantidade de ouro ou muito pouco. Ele está falando sobre abandonar o poder temporal, sem resistir ao mal, parando de combater o gênio do mal e aprendendo que o mal não é poder. Por que combater o espírito carnal ou mortal? Eles não constituem poderes. Deus é Espírito e Deus é onipresença; portanto, o Espírito é onipotência, todo poderoso.

Podemos provar isso. Podemos levar um dia, uma semana ou um mês, porque estamos acostumados a procurar forças com as quais fazer algo. Antes deste século, existiu poder material. Embora ainda procuremos poder material, neste século estamos procurando também poderes mentais e espirituais. Há poder espiritual, mas ele não age porque: "Como as aves voam, assim o Senhor dos Exércitos amparará a Jerusalém: ele a amparará e a livrará, e, passando, a salvará." [12]

Este poder espiritual cria, permanece e conforta, mas se pudermos ser motivados a aceitar a crença em dois poderes, começa a dificuldade. Começou assim para Adão. Ele realmente conhecia a verdade de que só há um único poder e era muito feliz com esse conhecimento; mas, então, comeu o fruto da árvore do co-

---

8. João 8:58.
9. Mateus 28:20.
10. Mateus 5:39.
11. Mateus 26:52.
12. Isaías 31:5.

nhecimento do bem e do mal, isto é, dois poderes. O momento em que assim procedeu, ele tinha que procurar um Deus para fazer algo quanto à força do mal. Nós estamos procedendo assim desde então, vivendo uma vida adâmica, sempre buscando uma força para fazer algo quanto aos males que nos importunam, mesmo que esses males não sejam poder, exceto em nossa aceitação deles como poder.

Nós tememos os mortais e tudo o que eles nos poderiam fazer. Depositamos nossa fé em tudo, desde o machadinho de guerra até a bomba atômica. Quando a bomba atômica foi inventada e usada, parecia que tínhamos descoberto a derradeira força e nunca mais haveria dificuldades na terra. Mas quanto mais poder nos empenhamos para obter, mais poder é necessário para dominá-lo; e então mais poder será necessário para dominar aquele. É semelhante às drogas. Uma pessoa começa a fazer uso de uma pequena quantidade, mas essa quantidade é continuamente aumentada porque, quanto mais se usa, tanto mais se necessita da próxima vez.

A Prova de que o Poder Espiritual é o Poder Absoluto

Pelo fato de temermos, há séculos, diferentes tipos de forças, até mesmo o poder da prata e do ouro, pode levar uma, duas, três ou quatro semanas para corrigir a nós mesmos até podermos estar alertas a todo e qualquer tipo de erro que tememos — o pecado, a doença ou as bombas — e compreender: "Pai, perdoai-me, pois eu não sabia o que estava fazendo." Com o completo ministério de Jesus Cristo, com dois mil anos neste mundo, como pode ser que não acreditamos que temos o Senhor Deus Todo-Poderoso?

Por mais que procuramos usar o poder espiritual em algo ou alguém, nunca poderemos provar sua verdade. O segredo dele está na compreensão de que ele é o poder máximo e não há outros. Vamos iniciar com coisas simples, alguma coisa que não nos amedronte, que nos conduza gradualmente às questões mais sérias da vida e possa provar, nos abstendo do uso da força, mesmo da tentativa de usar o poder divino, que não há poderes aqui fora.

Esta é a revelação da natureza do poder espiritual, como me foi dada, baseado em trinta anos de demonstração e prova de que o mal não é um poder. É um poder apenas enquanto um indivíduo aceita dois poderes. Quando um indivíduo aceita a mensagem de Cristo: "Não resistais ao mal", a nulidade do erro fica provada, não obstante a forma que toma. Permanece conosco como indivíduos.

Nós não podemos passar nossa vida inteira vivendo da manifestação de quem quer que seja. Mais cedo ou mais tarde, nossa falta de compreensão, se continuar, nos apanhará. Devemos continuamente trazer à memória: "de agora em diante, eu estou aceitando a Deus dentro de mim, para que "se subir ao céu" ou "se fizer no inferno a minha cama",[13] este Deus estará comigo. Se eu passar pelo "vale da sombra da morte",[14] este Deus irá comigo porque Ele está dentro de mim. Todo reino de Deus está dentro de mim. Devemos fazer isso conscientemente.

O próximo passo é admitir conscientemente que Deus é todo-poderoso — o todo-poderoso, o todo-poder, o Espírito. Não podemos ver o Espírito, ouvi-Lo, prová-Lo, tocá-Lo ou sentir Seu odor. Temos que compreender que Ele existe, mesmo que não tenhamos prova material d'Ele. Temos que ter suficiente discernimento espiritual para sentir dentro de nós mesmos que isso é verdade e, então, temos que aprender a estar alerta às coisas que tememos e começarmos a compreender conscientemente: "Que absurdo. O Todo-Poderoso está dentro de mim. O Espírito é o todo-poderoso e eu tenho medo do 'homem cujo fôlego está no seu nariz.'[15] Eu tenho medo do álcool, eu tenho medo das enfermidades, eu tenho medo do falso apetite, eu tenho medo do ateísmo, eu tenho medo do comunismo e eu tenho medo do capitalismo."

Que diferença faz o que nós tememos? Qualquer coisa que seja, quando tememos, nós estamos reconhecendo uma outra força que não a divina. Estamos considerando duas forças e, quando temos duas, somos expulsos do Jardim do Éden e temos que ganhar a nossa vida com o suor de nosso rosto, criar os filhos no sofrimento e aprender como ser agressivos, porque, com duas forças, nós estamos sempre procurando uma para socorrer a outra. Mas, quando reconhecemos Deus como Espírito e Espírito como o infinito todo-poderoso, já não procuramos uma força.

O Abre-te Sésamo

"Olha para Sião, a cidade das nossas solenidades: os teus olhos verão a Jerusalém, habitação quieta, tenda que não será derribada,

---

13. Salmos 139:8.
14. Salmos 23:4.
15. Isaías 2:22.

cujas estacas nunca serão arrancadas, e das suas cordas nenhuma se quebrará... E morador nenhum dirá: Enfermo estou; porque o povo que habitar nela será absolvido da sua iniqüidade."[16] Os males são perdoados para aqueles que habitarem na consciência da presença de um Espírito todo-poderoso, perdoados no sentido de serem apagados e esquecidos. Em outras palavras, o restabelecimento, de fato, significa ser perdoado. Ser curado de nossos males é realmente ser perdoado do pecado de dualidade, perdoado do pecado de crer que há duas forças e que Deus não é força todo-poderosa. Estamos sendo realmente perdoados da aceitação da crença de que há uma outra força que não a divina. O modo de sentir esse restabelecimento é deixar de combater as circunstâncias, parar de temer o "homem cujo fôlego está no seu nariz", parar de temer o orgulhoso, o fanfarrão, parar de temer o ruído das armas. Eles se destinam apenas a amedrontar-nos, mas não podemos nos preocupar, se tivermos um Deus todo-poderoso.

Como é possível a um povo, amante de Deus, constantemente temer o ateísmo ou qualquer obra dele? O ateísmo não é uma força. Não adianta simular que há um Deus em quem acreditamos, se acreditamos também que o ateísmo é uma força.

Ninguém nunca tem chance de derrotar a Deus ou ao religioso. Nós moraremos em habitações quietas e pacíficas, quando aprendermos, como disse Ralph Waldo Emerson, que os dados de Deus estão sempre chumbados. Ninguém tem chance contra Deus, contra o Espírito, contra o amor, a liberdade e a justiça. Ninguém tem chance contra o disposto espiritualmente. Mesmo a doença não pode deitar raízes no espiritualmente disposto. Ela pode aproximar-se dele e ameaçá-lo, mas tudo que ele precisa fazer é estar atento e compreender que: "Nós temos o Senhor Deus Todo-Poderoso", virar-se e ir dormir, *deixar* que haja luz, *deixar* que haja liberdade, *deixar* que seja revelado na Terra que Deus existe. Então, mesmo o irreligioso observará as palavras de Deus e verá que Deus, e só Deus, é poderoso.

Entre nós, Deus já sabe o que deve ser feito e é Seu grande prazer dar-nos o reino, dar-nos liberdade, dar-nos alegria, dar-nos abundância. Dar, dar! A palavra é sempre "dar", mas temos que ficar bastante quietos e confiantes para receber.

Uma vez que tenhamos tal vislumbre de Deus, teremos captado o significado do poder espiritual. Deixemo-lo ser nossa con-

---

16. Isaías 33:20-24.

tra-senha, nosso abre-te sésamo. Deixemo-lo ser o que abre todas as portas para nós — poder espiritual. Não tentemos obtê-lo; não tentemos fazer uso dele. Tentemos empregá-lo: apenas o compreendemos e relaxamos a tensão nele. Não estamos resistindo ao mal; todavia, o mal desaparecerá. Ele se dissolverá. De um modo normal, natural, a harmonia começará a existir.

A Conquista do Mundo

O tipo de hostilidade que poderia envolver o mundo hoje, nunca poderia resultar em vitória para ninguém. Portanto, ninguém em seu juízo perfeito vai dar início a quaisquer conflitos que nos ameacem. A proteção necessária não são mais ou melhores bombas. Eu não sou um pacifista e não estou tentando impedir ninguém de fabricar bombas. Mas o mundo só será salvo pelo poder espiritual, e ele vem apenas através da consciência dos indivíduos. Sempre houve poder espiritual, mas até que chegasse através de um Moisés, de um Elias, de um Jesus, de um Paulo ou de alguém mais que alcançasse essa compreensão, não ficaria em evidência. O poder espiritual governará esta terra através de nossa consciência individual, na medida em que não temermos o erro nem empregarmos o poder espiritual contra ele, somente manifestando "o poder espiritual" dentro de nós mesmos.

Algum dia teremos um corpo de pessoa deste mundo tocado pelo Espírito. Eles se encontrarão e haverá paz. A paz virá pela atividade do Espírito que está agora a circular pelo mundo, tocando pessoas de todos os países. Os que foram tocados pelo Espírito estão auxiliando e podem auxiliar mais a despertar a humanidade para esse toque do Espírito por suas orações, pelo desempenho das ações de Graça — absolvição, oração para o inimigo — mas, acima de tudo, pela compreensão da natureza do Messias. O Messias ensinou: "O meu reino não é deste mundo." [17] "Mete no seu lugar a tua espada; porque todos os que lançarem mão da espada à espada morrerão." [18]

A maior parte das pessoas pensa em Deus como um Rei absoluto. Elas até cantam hinos em louvor do Rei absoluto, o Rei que sai à frente delas para matar os inimigos, o Rei que conquista terras para elas. O resultado é que, quando os conquistadores saem

17. João 18:36.
18. Mateus 26:52.

com suas armadas, há sempre um sacerdote ou um padre para abençoá-los, como se Deus sancionasse ou pudesse abençoar o conquistador de outros povos. Exércitos e armadas saem para matar, e sempre se pode encontrar alguém para fazer uma oração para eles.

Tudo isso baseia-se nos errôneos ensinamentos dos antigos hebreus de que Deus é um Rei todo-poderoso e que Sua atividade é providenciar para que nossos inimigos sejam mortos e para que sejamos vitoriosos. Devemos ser sempre vitoriosos, o que seria verdadeiro se apenas pudéssemos ser vitoriosos como o Mestre ensinou: "Eu venci o mundo." [19] Ele não venceu o mundo de César nem o mundo exterior. O que ele realmente quis dizer foi: "Eu venci o mundo dentro de *mim;* eu venci a avidez, a luxúria, a ambição louca; eu venci a sensualidade, os falsos desejos, os falsos apetites. Eu venci 'este mundo' dentro de mim."

Mesmo quando vencemos espiritualmente o mundo, um ditador desumano pode estar ocupando o trono do poder ou a bomba pode ainda estar lá fora. Contudo, será verdade que vencemos o mundo, porque não temeremos a bomba ou o ditador; não teremos medo do pecado, da enfermidade, da tentação, da necessidade ou da limitação. Vencemos o mundo porque fomos tocados pelo Messias, e o filho de Deus foi despertado em nós. Depois de termos sido assim tocados, podemos dizer: "Eu vivo, não mais eu, mas Cristo vive em mim." [20] "Posso todas as coisas naquele que me fortalece." [21] Quando o Cristo que habita em nós tiver ressuscitado, não haverá necessidade de se preocupar com nossa vida, porque este filho de Deus, em nós ressuscitado, irá, antes de nós, realizar cada atividade de nossa existência.

Deus é Espírito e deve ser cultuado em espírito e na verdade. Deus é Espírito e governa pelo amor, não pela destruição das coisas, mas pela revelação mística da inexistência de qualquer outra coisa que não a presença de Deus. Quando orarmos, não peçamos que Deus faça algo, mas que o filho de Deus seja despertado em nós e governe nossa experiência. Não peçamos ao Messias para derrotar nossos inimigos ou nossos competidores. Oremos para que o Messias ressuscite em nós como um espírito de amor, e assim será para nós. Quanto mais nos estendermos na compreensão de Deus e de Cristo como Espírito, maior será a manifestação de Cristo em nossa própria experiência.

---

19. João 16:33.
20. Gálatas 2:20.
21. Filipenses 4:13.

O perigo consiste no retorno às crenças antigas de que Deus ou Cristo é alguma forma de poder e que uma vez que nos agarremos a Ele, poderemos até fazer desaparecer Houdini *. Podem estar certos de que não conseguiremos. Não dominaremos quaisquer inimigos. Não dominaremos quaisquer competidores. Apenas vivemos, nos movemos e existimos em uma paz alegre, em abundância e benevolência. Viveremos pela Graça, em vez de viver pelo poder ou pela força. Todas as coisas são realizadas pelo Espírito, não pelo poder ou pela força. É um Espírito nobre. Deus não está no furacão, no pecado, na doença, nos falsos apetites. Deus não está na pobreza. Deus está na "voz mansa e delicada".[22] Conduzir-nos a uma vida sob a proteção de Deus, quer dizer levar-nos a uma vida por meio da qual possamos ser tão silenciosos intimamente, que, quando a voz mansa e delicada nos falar, será como se estivesse trovejando.

Função de Cristo

Cristo não é algo fora de nós que tem que ser procurado. Cristo é algo que já está dentro de nós, esperando atrair a nossa atenção.

O que é o Cristo? O que é o Espírito de Deus no homem? Qual o propósito de Deus em minha vida? Qual é a natureza da Presença que segue à minha frente para guiar o meu caminho? Qual é a natureza do Poder que apareceu para Moisés como "uma nuvem", "uma coluna de fogo"[23] e o "maná"[24] caindo do céu? Qual é a natureza do Pai dentro de mim, que curou as doenças para o Mestre? Qual é a natureza deste Cristo que está dentro de mim e que me habilita a perdoar os pecadores? Qual é a natureza deste Cristo que é o pão, a carne, o vinho e a água para mim, a mulher na fonte e alguém que deseje vir até a mim?

Nesse plano de meditação, a resposta virá de dentro de nosso ser, mas devemos abrir o caminho.

Este Cristo, este Messias, está dentro de nós. O Messias não é um homem que vai chegar ou um homem que vai chegar uma

---

* Harry Houdini (1874-1926), mágico americano de teatro.
22. I Reis 19:12.
23. Êxodo 13:21.
24. Êxodo 16:15.

segunda vez. Este Cristo, este Messias, é o Espírito de Deus que foi plantado em nós no princípio — não no princípio de nosso intervalo sobre a terra, mas no princípio, quando éramos unos com Deus, no princípio, quando éramos formados à Sua imagem e semelhança. Seu propósito é viver nossa vida, elevar-nos, redimir-nos, preparar o caminho para nós, preparar mansões para nós. Foi-nos dado no princípio. Ele agora está trancado debaixo de chave e devemos abrir caminho para que Ele possa fluir para nossa experiência.

Quando o Espírito de Deus estiver em nós, despertaremos para a consciência mística. Estamos determinados a nos tornar cientes de que o filho de Deus está entre nós:

Dentro de mim habita Algo, uma Presença, uma Glória. Não está aqui para glorificar-me. Sua atividade é glorificar a Deus, provar o que é a vida quando é dirigida, mantida e sustentada por Deus.

Então nos tornamos testemunhas da graça de Deus, da presença de Cristo dentro de nós.

Só tenhamos o cuidado de não fazer de Cristo algum tipo de poder temporal para nos ajudar a adquirir coisas temporais. Vamos nos satisfazer com o fato de que Cristo é o Espírito em nós e que podemos fazer tudo através d'Ele, com amor, sabedoria, com bom senso, eqüidade, misericórdia, igualdade e paz. A compreensão disto, e só disto, realiza "a paz que excede todo o entendimento".[25] Não há meios de se obter paz neste mundo. Podemos conseguir fama e riqueza e ter mais dificuldade do que esperamos. Mas o Messias mostra a diferença: "Deixo-vos a paz, a minha paz vos dou: não como o mundo a dá."

Em termos humanos, não sabemos, e ninguém pode nos dizer, qual é a natureza da paz. *Minha* paz é um estado de paz que nos invade, não porque alguma coisa boa ocorreu no mundo exterior, mas porque algo maravilhoso realizou-se dentro de nós. É como se fosse uma garantia: "*Eu* estou com você. *Eu* nunca o abandonarei. *Eu* estarei com você até o fim do mundo." Nós quase poderíamos cantar esse refrão, pela vida afora, uma vez que nos tornemos cientes de que Cristo habita em nós. Agora, não há necessidade de se preocupar, nem de temer. Há uma Presença invisível guiando nosso caminho.

A paz na terra não será alcançada só pelos esforços humanos. A paz na terra é uma dádiva de Deus que deve ser recebida pelas pessoas dentro do templo de seu próprio ser.

---

25. Filipenses 4:7.

Não podemos saber por nossa própria índole pacífica, por nossa própria inabilidade de batalhar um com o outro, até que ponto Cristo penetrou na nossa Alma, até que ponto recebemos a dádiva de Deus, seu filho. Cristo ressuscitado entre nós é uma dádiva de Deus. Se ainda não O recebemos em grau suficiente, ainda é possível. O caminho está dentro de nós. O caminho é a introspecção, a meditação, a comunicação interior, o reconhecimento de que o filho de Deus habita em nós e está sempre pronto a nos dirigir a palavra. De fato, Ele está se dirigindo a nós mesmo quando não O ouvimos. Ele tem estado clamando a nós através dos tempos.

Vivemos pela palavra de Deus, não pelo pão nem pelo dinheiro. É pela palavra de Deus, que se transforma em carne, que somos alimentados, vestidos e abrigados. É pela palavra de Deus que uma Graça divina nos leva a viver em paz. É esta dádiva de Deus dentro do templo de nosso próprio ser que estabelece nossa paz com nosso semelhante: amigos ou inimigos, próximos ou distantes. É a graça de Deus em nosso coração, o Cristo que entra em nossa Alma, que é a paz entre nós. Nada mais pode dá-lo a nós; nada mais pode mantê-lo. Nunca podemos encontrar amparo ou nossa imortalidade por qualquer outro meio que não seja essa comunhão interior, por meio da qual ouvimos a voz mansa e delicada proferindo a palavra de Deus.

"Como pássaros voando", deixaremos o Espírito realizar sua obra. *Deixemo-lO* realizar Sua obra. *Deixemos* Deus. Deixemos que haja luz e observemos que há luz. *Deixemos* que haja firmamento e notemos que há um firmamento. Deixemos Deus agir e resistamos à tentação de procurar uma força para empregar, procurar a verdade ou qualquer coisa para empregar. Em vez de nos acomodarmos com a certeza de que Deus é Espírito e de que este Espírito tenha prometido que Ele nunca nos deixará ou nos abandonará. Ele sempre esteve conosco, mas nós O negligenciamos. Não só O negligenciamos, mas não sabíamos que Sua natureza era Onipotência; assim, tentamos fazer uso d'Ele contra alguma coisa. Não há nada contra o que empregá-Lo. Tudo quanto parece mal para nós é uma aparência e não temos o direito de julgar pelas aparências. Devemos deixar de combater o erro, deixar de tentar dominá-lo, deixar de buscar a Deus para dominá-Lo e admitir que: "Deus está comigo e é todo-poderoso." Então, veremos a natureza do poder espiritual, à medida que o silêncio revelar o Verbo feito carne.

II

O Verbo Feito Carne

4

Carne e Carne

Há pouquíssimas citações ou passagens de sabedoria espiritual nas escrituras que não têm um duplo significado, o literal e o intuitivo, espiritual ou místico. Muitas palavras e afirmações na Bíblia parecem contraditórias, embora eu duvide que haja uma contradição verdadeira na Bíblia inteira. Pode parecer que haja contradições, se as afirmações são interpretadas a partir do conceito que uma pessoa tem da palavra ou mesmo a partir da definição da palavra que o dicionário registra, mas eu não encontrei nenhuma.

Provavelmente, a palavra mais controvertida da Escritura é a palavra *carne,* porque, na Bíblia, ela é empregada de dois modos completamente diferentes. Espírito, que é a substância original, é uma forma. É a idéia. E quando ela vem à nossa consciência, é o Verbo feito carne. Quando ele se torna visível, é a carne que definha, a carne com a qual podemos ter prazer hoje. Mas não vamos nos prender à forma amanhã. Vamos mudar nosso conceito de ser, de corpo ou provisão todo dia. Isaías disse: "Toda a carne é erva." [1] Jesus disse: "A carne para nada aproveita." [2] No primeiro capítulo de João, diz-se: "E o Verbo se fez carne." [3]

"O Verbo se fez carne" pode ser considerado uma das principais premissas do ensinamento do Mestre, tal como é uma premissa maior no ensinamento do Caminho Infinito. A palavra de Deus dentro de nós torna-se visível ou tangível como expressão: O Verbo torna-se o filho de Deus. Nesse sentido, a carne deve ser consi-

---

1. Isaías 40:6.
2. João 6:63.
3. João 1:14.

derada como significando forma espiritual, atividade e realidade. "O Verbo se fez carne e habita entre nós": Deus se tornou visível como o homem. Deus-Pai tornou-se visível como o filho, mas ninguém jamais verá esse homem com seus olhos. Esse homem só pode ser visto no ápice da consciência espiritual.

A Palavra Invisível Torna-se Tangível

Os médiuns espirituais apresentam a cura apenas no momento em que notam o homem espiritual: o Verbo feito carne. Até esse momento de percepção, meditação ou tratamento está apenas os conduzindo para onde o Verbo torna-se carne como homem espiritual.

Uma pessoa pode empenhar-se em meditações saudáveis desde a manhã até à noite, mas se a meditação não culmina num momento de distensão — liberdade, alegria e paz — não adianta esperar cura ou restauração da harmonia daquela meditação, porque não são os pensamentos de uma pessoa que apresentam a cura. Eles apenas conduzem a um estado de consciência acima da percepção humana da vida, em que, em um momento de plena consciência, é como se alguma coisa reluzisse diante dos olhos e dissesse: "Havendo eu sido cego, agora vejo." [4] E, naturalmente, ele pode não ter visto ou ouvido alguma coisa e, no entanto, sabe, concebe e pressente.

Quando uma pessoa afirma a verdade na sua consciência, pondera-a e finalmente pára de ponderar e apenas senta-se quietamente com a atenção em expectativa de que algo se revela a partir do seu interior, aquele momento de iluminação vem — um clarão, uma liberação, uma sensação de paz — e é como se a pessoa fosse libertada de seu próprio corpo. Há uma sensação de leveza, um sentimento de alegria, um sentimento de realização. É naquele momento que ele se torna ciente da Realidade, o Deus invisível torna-se tangível, mesmo que ele não possa vê-Lo ou ouvi-Lo.

Depois disso, a febre pode baixar, o tumor pode ser removido, o suprimento pode ser mostrado, um trabalho pode ser oferecido ou um novo lar pode ser encontrado. Todos são os resultados, na experiência humana, do Verbo invisível que se torna tangível como um sentimento invisível. Primeiro vem o Verbo invisí-

---

4. João 9:25.

vel, Deus, o Próprio Infinito Invisível, que sabemos que está aqui e agora preenchendo todo espaço dentro e fora de nós. Então, segue-se a percepção consciente daquele Verbo que se evidencia em captar um instantâneo do Divino e finalmente aqui fora, naquilo que chamamos de cura ou uma mudança na aparência. Mas nenhuma aparência pode mudar a menos que algo tenha ocorrido na consciência.

Não cuide das aparências. Não busque as aparências para qualquer mudança. "Ainda em minha carne verei a Deus." [5] Bem aqui e agora na terra, podemos ver a Deus. Eu não quero dizer que vemos com os olhos físicos, mas podemos discernir Deus ou ficar consciente d'Ele. Isso é o que significa ver a Deus ou senti-Lo: ser tocado por Deus ou tocar na orla do manto.

Cada praticante espiritual recebe iluminação direta, se não de outra forma, pelo menos na cura da qual ele foi o instrumento. Do contrário, a cura não poderia ter sido realizada. Não há ninguém na terra hoje que realize quaisquer obras maiores do que o Mestre, Jesus Cristo. Ele disse: "Eu não posso de mim mesmo fazer coisa alguma." [6] Tenho certeza de que não podemos fazer mais o que ele podia. O Pai dentro de nós faz a obra, mas só naquele momento de contato, de iluminação. Daí para a frente, depois que se conseguiu a iluminação, aquele fluxo continua sem esforço consciente. Mas deve ser renovado dia a dia. Todo dia é necessário penetrar no silêncio, em certas ocasiões, doze vezes, para sentir novamente o Impulso divino.

Depois que se está neste caminho há vários anos, não é necessário voltar e estabelecer aquele contato em cada meditação ou tratamento dado. Chega o tempo em que "vivemos, e nos movemos, e existimos" [7] em Deus, e raramente estamos fora daquele estado de consciência. É só sob tensão de alguma grande emoção ou de alguma grande tragédia, dura experiência ou impacto, que a pessoa que vive deste modo há muitos anos pode estar temporariamente fora do reino de Deus. Isso pode acontecer e acontece mesmo para aqueles bem adiantados no caminho, mas eles têm pouca dificuldade de refazer seus contatos. Nos primeiros anos de nosso trabalho, contudo, isto não é assim. Fazemos contato e então parecemos perdê-lo por alguns dias na oportunidade e encontrá-lo novamente somente com esforço e luta.

5. Jó 19:26.
6. João 5:30.
7. Atos 17:28.

A Carne que Enfraquece

A palavra *carne* é usada com um sentido realmente diferente da afirmação: "Toda a carne é erva". Carne, nesse sentido, significa o que nós observamos através dos sentidos, o que vemos, ouvimos, saboreamos, tocamos ou cheiramos. Se estivermos num estado de consciência, no qual nossa manifestação é de pessoas, coisas ou circunstâncias, não poderemos entrar no reino de Deus, no domínio do Espírito.

A posse de um bilhão de dólares não tornará possível a uma pessoa herdar o reino de Deus, nem a crença de que a carne tem poder para nos dar prazer ou dor. Enquanto nossa fé e confiança estiverem nos bens materiais, nunca conheceremos a realidade das coisas; só conheceremos as formas aqui fora. Quando, porém, com estudo e meditação, nossos interesses começarem a transcender as pessoas, as coisas e as circunstâncias, estamos sendo levados para um reino mais elevado da consciência e nele, finalmente, O vemos tal como Ele é e ficamos satisfeitos com essa semelhança.

Isso também ocorre quando começamos a compreender por que é possível amar aos nossos semelhantes. Uma vez que ficamos cientes um do outro através desta visão mística interior, somos amigos. Na verdade, quando vemos a nós mesmos aqui fora, somos mortais, materiais e finitos. Nós somos a carne que definha como a erva, mas, quando nos observamos com visão espiritual, em nossa verdadeira identidade, somos os filhos de Deus. Quando despertamos deste sonho de materialidade, observamos as pessoas como elas são e ficamos satisfeitos com essa semelhança.

Quando você se apresenta a um mestre espiritual com um problema físico, monetário ou de relacionamento familiar, você é da terra. Seu mestre, vendo-o assim, nunca o ajudará a resolver seus problemas. Mas a capacidade de estar quieto, até que esse pequeno instantâneo venha de dentro, capacita o médium espiritual a vê-lo como você é, o que revela o Verbo feito carne, o que revela o filho de Deus.

A Revelação da Palavra

"O Verbo se fez carne", a Palavra — não as palavras em um livro, não as palavras em uma afirmação, mas a **Palavra** interior. O Verbo que é Deus, na essência torna-se carne, significando que o Verbo se torna aparente, visível, audível e conscientemente tangível em nossa experiência.

Essa é a razão por que no Caminho Infinito é recomendado que esses alunos principiantes não tenham menos de três períodos de meditação por dia. Esses períodos podem durar de um a três ou quatro minutos. Não é aconselhável ir além, a princípio, porque depois de alguns minutos é provável que a meditação se torne um exercício mental; então, naturalmente, ela perde sua força.

À medida que a gente prossegue neste estudo, esses períodos aumentam para seis, oito, dez ou doze em um dia e de um a cinco minutos cada vez. Daí para a frente, os próprios períodos podem crescer e uma pessoa pode meditar em qualquer lugar, de dois ... três até vinte ou trinta minutos. Mas, quando a meditação se torna uma prática mental, já não é meditação. No momento em que sentir uma libertação interior, ... deverá parar de meditar. Se não puder obter a libertação, volta à meditação uma ou duas horas mais tarde. Não se sente até que o espírito comece a trabalhar, porque isso não é meditação; é apenas prática mental. E a prática mental não tem poder.

Isso não quer dizer que ... deve abandonar a prática de ponderar, de pensar ou de meditar sobre a verdade. Essa é uma coisa completamente diferente da prática mental. Quando ... se senta para meditar, pode achar que a mente é berrante, ruidosa, caótica e não sossegará, pelo menos até um nível de tranqüilidade, de onde pode ouvir a "voz mansa e delicada".[8] Nesse estágio, é prudente tomar alguma passagem da Escritura ou alguma afirmação do saber espiritual e ponderá-la, não repeti-la como se esperasse ganhar pela repetição, mas considerá-la por seu significado interior.

Essa expressão da verdade que você está lendo é uma semente dentro de você que se desenvolverá e aparecerá como um estado de consciência. Depois disso, aparecerá externamente como a saúde do corpo, a suficiência econômica, um novo livro ou maior suprimento. Esse é o modo como a carne deve ser compreendida. Logo que a carne está aqui fora, nos apegamos a ela. Ele definha como a erva. Não confie nela. Agir assim é como confiar "em príncipes".[9]

Quando você aprender a voltar-se para dentro e deixar a palavra da verdade adquirir expressão, você encontrará a consciência invisível ou o estado de consciência da verdade no seu íntimo se

---

8. I Reis 19:12.
9. Salmos 146:3.

exterioriza como forma. Então, você pode fazer qualquer coisa que queira com a forma.

Não se Orgulhe com a Aparência

Assim que tiver consciência do Espírito, você poderá fazer qualquer coisa que precise fazer, porque você não a estará fazendo; será o espírito da Verdade da qual você se tornou ciente. Ele tomará forma. Mas, quando isso ocorre, não se orgulhe dessa aparência. Tenha muito cuidado para não se sentir satisfeito com abundância de suprimento, saúde física ou felicidade diária. Não fique satisfeito com qualquer coisa no reino da carne, dos bens materiais ou da forma. Não quero dizer que você não deva apreciar as coisas. Quero dizer que você não deve ficar satisfeito com elas.

Quando você se sentir satisfeito com suprimento, nunca se alegre com isso, como se fosse a manifestação. Alegre-se com o espírito invisível que está gerando esse suprimento. Quando uma pessoa lhe diz: "eu estou me sentindo melhor", observe que você não se sente muito feliz com isso porque, se você estiver observando as aparências, lembre-se de que elas podem mudar amanhã. Olhe o que está por trás do indivíduo e sinta-se agradecido de que a percepção consciente do Espírito realizou-se, porque esse é a razão por que a pessoa agora está bem, empregada, alegre ou coisa que o valha.

Observe que você não se orgulha da carne, na forma da manifestação, mas se orgulha com esse outro sentido da carne: o Verbo feito carne. Essa carne é a carne invisível. Repetidas vezes os metafísicos perdem suas completas manifestações de harmonia porque no momento em que seu salário dobra, pensam que realizaram uma manifestação. Eles realizaram, mas a manifestação não foi o salário dobrado; a manifestação foi a presença do Espírito que apareceu como o salário dobrado.

Os hebreus que estiveram com o Mestre, pensavam ter realizado uma manifestação, quando os pães e os peixes foram multiplicados. Não realizaram uma manifestação absolutamente. No dia seguinte eles estavam com fome novamente. Mas o Mestre realizara uma manifestação da consciência da presença de Deus e, assim, podia multiplicar pães e peixes todo e qualquer dia da semana. Podia sair e descobrir ouro na boca dos peixes. Ele não estava tentando multiplicar pães e peixes; tudo que estava fazendo era elevar seus olhos na compreensão de que o Espírito de

Deus era sua manifestação. Permanecer em plena consciência da Presença foi sua manifestação e quando ele realizou essa manifestação, o cadáver tinha que se levantar, os pães e os peixes tinham que ser multiplicados e o ouro tinha que estar na boca dos peixes, porque Deus é a substância de toda forma. Mas se você não tiver a presença de Deus, você não pode ter a forma.

Não se orgulhe em curar. Nunca afirme uma cura a não ser para ilustrar o princípio ou a idéia espiritual que a realizou. É relativamente sem importância se você tem saúde ou riqueza hoje. O que é importante é se você obtém a convicção espiritual que lhe dará saúde e riqueza eternas. Não se orgulhe de qualquer tipo de manifestação, mas jacte-se e alegre-se de que viu a face de Deus, de que testemunhou a presença do Espírito, que por sua vez se tornou evidente como a cura ou o suprimento.

O Conhecimento das Pessoas Pela Espiritualidade

"Assim que daqui por diante a ninguém conhecemos segundo a carne, e, ainda que também tenhamos conhecido Cristo segundo a carne, contudo, agora já o não conhecemos deste modo." [10] Antes você me conhecia na carne como um homem. Daqui em diante, você não vai mais me conhecer daquele modo, mas vai me conhecer como um mestre espiritual e não juiz da carne. Antes eu conhecia vocês como seres humanos e alunos, mas daqui por diante não devo conhecê-los jamais desse modo, porém apenas como o Cristo, como Espírito, como fruto de Deus. Antes você conhecia seus amigos, seus parentes, seus pacientes e seus alunos como seres humanos; alguns bons e outros maus. Daqui em diante, você não deve conhecê-los nem como bons nem como maus, mas como seres espirituais. É um erro tanto avaliar uma pessoa como boa, como avaliá-la como má. É um erro tanto avaliar uma pessoa como rica, como avaliá-la como pobre. Você não deve avaliar qualquer pessoa segundo a carne, quer seja boa ou má. Daqui em diante, você deve avaliar uma pessoa apenas como o Cristo.

"Assim que, se alguém está em Cristo, nova criatura é: as coisas velhas já passaram; eis que tudo se fez novo." [11] No momento em que você deixar de considerar-se a si e aos outros como condenados a ser bons ou maus, doentes ou sãos e avaliá-los apenas se-

---

10. II Coríntios 5:16.
11. II Coríntios 5:17.

gundo o Espírito, as coisas velhas passarão. Velhos hábitos, velhas formas da carne, velhos apetites carnais, cobiça, luxúria, ambição, desejo de saúde, riqueza e fama — todas essas coisas passarão e se renovarão.

É nesse ponto que a mensagem do Caminho Infinito se mantém firme. Não devemos considerar uma pessoa como carne ou como um ser humano. Não devemos glorificá-la como homem, bom ou mau, mas é melhor agora conhecê-lo não segundo a carne, mas segundo o Espírito. Portanto, se alguém estiver em Cristo, se alguém estiver consciente de sua qualidade messiânica, todas as coisas velhas desaparecerão. Mesmo os velhos conceitos sairão de sua vida. Ele pode ficar triste ao ver alguns deles desaparecerem porque gostava deles, mas eles não permanecerão porque deixarão de fazer parte de sua experiência.

Uma vez que estejamos fundados no Cristo, toda a nossa família, todas as nossas relações pessoais e toda a nossa esfera de ação mudam. Podemos até nos mudar para um outro estado ou sair do país de uma vez, porque todas as coisas se renovaram neste estado elevado de consciência, no qual "nós vivemos, nos movemos e existimos". Achamos que não há limitações; não estamos confinados a um apartamento ou a uma casa; não estamos ligados a uma família. Nós as temos, mas chegamos e partimos e nos sentimos livres.

Quando a consciência muda e quando a substância do Espírito é revelada na consciência, não necessariamente revelada na sua totalidade, mas mesmo quando revelada em parte, o Templo Sagrado, o corpo verdadeiro, surge em nossa consciência. Outros ainda podem vê-lo como esta forma, mas saberemos que não é isso. Este corpo é o templo do Deus vivo. Se nós subirmos numa balança, ela pode ainda mostrar um certo número de quilos; mas não teremos sensação alguma de peso, do estado sólido, do corpo.

Usando um Novo Conceito de Corpo

"Porque sabemos que, se a nossa casa terrestre deste tabernáculo se desfizer, temos de Deus um edifício, uma casa não feita por mãos, eterna, nos céus. E por isso também gememos, desejando ser revestidos da nossa habitação, que é do céu (...) Porque também nós, os que estamos neste tabernáculo, gememos carregados: não porque queremos ser despidos, mas revestidos, para que o mortal seja absorvido pela vida." [12] Nossa tarefa não é livrarmo-nos negando ou ignorando, do corpo. Nossa tarefa é sermos revestidos com outra consciência do corpo, esse corpo que é "não feito pelas mãos, eterno, nos céus". Este corpo verdadeiro é aquele corpo. É eterno nos céus, imortal. Mas não podemos ver este corpo. Nós todos recebemos conceitos diferentes de todo corpo que vemos, se estamos apenas julgando pelas aparências, baseados em nossa experiência.

Este corpo, que é invisível, é eterno e imortal e estará conosco para todo o sempre. Este corpo, como eu o vejo, mudará de dia para dia, porque, quanto mais elevado meu conceito de Deus ou do Espírito, tanto melhor em aparência e em sentimentos meu corpo fica. O conceito muda, mas o próprio corpo é imortal; portanto, não nos livramos do corpo mesmo na morte. Nós nos livramos de nossos conceitos de corpo. Mais cedo ou mais tarde, portanto, desenvolveremos a consciência de que nosso conceito de corpo mudará enquanto estivermos na terra.

Um Estado de Consciência

O Verbo feito carne não é uma idéia; não é um estado de consciência sem um pensamento consciente e, no entanto, às vezes aparece externamente como pensamento consciente. Primeiro vem o Verbo, Deus, e Ele se faz carne. Ele se torna um estado de consciência, mas sem forma. Não é uma idéia e também não é uma coisa. Mas, então, com isso vem o pensamento, a palavra falada, a palavra escrita, o dólar palpável, um peixe ou um pão. Primeiro é a compreensão de Deus como Substância. Depois, o Verbo, a Substância, torna-se carne. Ela se torna um estado de consciência, mas não toma, necessariamente, a forma de um pensamento.

Estudiosos lhe dirão que, quando aquele momento de inspiração vem, aquela liberação, eles nem sempre trazem consigo um pensamento específico e, contudo, obtêm resultado como se o pensamento ali estivesse. Às vezes, segue-se que pode vir um pensamento específico. Por exemplo, esta manhã sentado em meu quarto em meditação, o estado de consciência veio, mas não havia palavra ou qualquer pensamento com ele. Foi somente a compreensão de que a lição hoje me fora dada e então, de repente, a palavra "carne" veio. O estado de consciência alcançado em meditação

---

12. II Coríntios 5:1, 2, 4.

apareceu como a palavra *carne*, e eu sabia que a lição devia estar na carne. Simultaneamente, com aquela palavra veio seu duplo significado e, por causa daquele significado, veio tudo aquilo que está escrito aqui.

Nunca fique preocupado e nunca tente formular um pensamento sobre qualquer coisa. Nunca tente conhecer algo sobre Deus através da mente, porque não há verdade que você possa conhecer conscientemente que seja verdade; assim, não se preocupe em ter uma visão ou ouvir palavras. Mas também não fique perturbado, quando tiver visões ou ouvir palavras, porque muito freqüentemente elas são uma parte necessária de seu desenvolvimento.

Assim, foi na Califórnia, em 1945, que a Voz falou para mim e disse que o próximo ano seria meu ano de transição. Por um momento, eu me entreguei a tratamentos muito eficazes, porque eu não sentia que estava preparado para continuar. Então, a Voz se manifestou novamente e disse: "Não, não é esse tipo de transição. Essa é uma transição para um outro estado de consciência."

Em julho de 1946, começou essa mudança de consciência e a transição durou dois meses. No fim desse período, tudo estava preparado para esse trabalho. A instrução final que me foi dada nessa experiência interior era a seguinte: você ensinará, mas não buscará alunos. Você ensinará àqueles que estão sendo enviados a você e ensinará o que lhe for dado para ensinar.

Esse trabalho do Caminho Infinito foi realmente iniciado com aqueles dois meses de visão real e audição perceptível, e mesmo aquelas experiências foram raras. Geralmente, a mensagem vem como essa lição veio, com apenas um sentimento, uma palavra, ou uma passagem da Escritura. Primeiro vem a inspiração, depois o pensamento específico ou idéia e, então, por causa disso, todo o resto. Na consciência espiritual, as coisas revelam que mais tarde se tornam carne na consciência, carne invisível, isto é, elas tomam forma como um estado de consciência e depois aparecem externamente como palavras, escritos e gravações.

Esse tipo de carne — palavras, escritos e gravações — deve definhar como a erva. Mas a carne, como está agora em minha consciência, nunca morrerá e o que você absorve deste capítulo em sua consciência nunca morrerá. O que você registra no papel, pode-se apagar amanhã, porque se você tentasse viver dele, estaria vivendo do maná de ontem. O que eu estou lhe dando agora é a semente da verdade que me veio do fundo de meu testemunho como revelação e está agora sendo plantada em sua consciência. Amanhã você pode fechar seus olhos e descobrir que a verdade fluirá de volta para você. "E o Verbo foi feito carne e habita entre nós."

5

Nossa Identidade Real

Hoje, com todos os conflitos, guerras e tumultos, parece que o mundo está inclinado a destruir-se. Nessa desordem, as pessoas, por si mesmas, não têm força, inteligência ou amor. "Porque o homem não prevalecerá pela força."[1] Esta destruição ou crucificação, que ocorre em toda a parte do mundo, é na realidade a crucificação da crença em poder pessoal, vontade pessoal e sentido de uma identidade isolada e separada da Unidade. É tudo isso que está sendo crucificado. Qualquer um que se agarre à crença de que tem uma vida pessoal para salvar ou perder, fortuna pessoal para proteger ou uma vontade ou autoridade pessoal pode ser crucificado, porque essas crenças devem ser extirpadas para que a glória de Deus encha a terra e para que o homem se mostre na plenitude da condição de Cristo.

O que posso desejar além de Ti? Se eu tivesse toda a terra e Ti, eu não teria mais do que se eu só tivesse a Ti. Mas se eu tivesse toda a terra e não tivesse a Ti, então eu não teria nada além de um vazio ainda à espera de ser preenchido.

Compreendo claramente a inutilidade da cobiça, do desejo e da esperança, porque no silêncio eu sei que Tu estás comigo. Tu és a luz de meu ser.

Nunca posso sentir a presença de Deus até que eu esteja em silêncio. Mas depois de ter alcançado a tranqüilidade e o silêncio, posso pô-la em prática no mundo por algumas horas, quando novamente eu devo recolher-me para renovação da confiança. Não é que Deus não seja onipresente, mas no tumulto do mundo e atividade da mente humana, eu estou apto a desenvolver um sentimento de separação, um sentimento de estar à parte. Assim, volto para este silêncio por um momento, para renovar a confiança e sentir aquela Presença divina.

---

1. I Samuel 2:9.

A Invisibilidade da Identidade Espiritual

Esta vida que estou experimentando não é a minha vida, mas a vida de Deus: infinita, eterna, imortal. Este corpo, que é meu veículo de expressão, é o corpo de Deus. Se fosse meu, seria isolado e separado de Deus; e como eu o preservaria? Mas este não é meu corpo, é o corpo de Deus em uma de Suas infinitas formas e expressões. O controle está em seu ombro para manter e sustentar este corpo e sua individualidade até a eternidade. Ele nos prometeu que nunca abandonará Seu universo: Ele nunca me deixará ou me abandonará. Isso não quer dizer que Ele não deixará minha alma apenas. Quer dizer que Ele não abandonará meu corpo também. Deus não abandona minha alma ou meu corpo, porque eles são um só. A alma é a essência e o corpo é a forma.

"Ainda que eu andasse pelo vale da sombra da morte",[2] você andaria nele comigo e eu me encontraria com a mesma individualidade e o mesmo corpo. À medida que minha compreensão disso aumenta, todavia, minha sensação física de corpo tomará uma aparência sempre melhor, não porque o corpo mude, mas porque meu conceito de corpo muda. Meu corpo é sempre o mesmo: infinito, imortal, útil, vigoroso, essencial e eternamente jovem. Meu conceito dele pode variar. Eu posso aceitar um conceito de envelhecimento e mostrá-lo, porque tudo o que eu aceito em minha consciência está visível na aparência. Mas, se eu aceito em minha consciência a verdade de que este corpo é o templo de Deus, formado, mantido e sustentado por Deus, então tenho um conceito de imortalidade mais perto da verdade do ser. Assim, meu corpo manterá sua aparência amadurecida, sua força amadurecida e sua harmonia amadurecida. Meu corpo é eterno, apenas meu conceito dele muda.

Cada ano nosso conceito de corpo melhora à medida que permanecemos na identidade de toda vida e, à medida que nosso conceito melhora, nossa aparência também. Deus é o princípio de tudo o que existe; portanto, tudo o que existe é eterno. Apesar de passarmos pela experiência de que o mundo clama a morte, ainda estaremos intatos, perfeitos, integrais, completos e espirituais, manifestando-nos como forma, porque não pode haver Eu oscilando aqui fora no espaço. O Eu é sempre criado.

Quando você olha para uma árvore, você acredita realmente que está vendo uma árvore. Assim, quando as folhas caem ou os

---

2. Salmos 23:4.

ramos morrem, você pode pensar que a vida não é eterna porque as flores, os frutos, os ramos estão mortos e você os viu secos e sem vida. Mas você nunca viu uma árvore. De fato, em toda a sua vida, você realmente nunca viu uma árvore. Você viu o efeito ou a forma de uma árvore, mas a própria árvore é tão invisível quanto eu e você somos.

Se eu quiser vê-lo, é apenas na verdadeira elevação de meus momentos iluminados que posso entrar em contato com a realidade do você que é você, o que você entende quando diz "Eu". Se você fechasse os olhos já e dissesse "Eu, Maria", "Eu, Jorge", ou qualquer outro nome que fosse, você saberia imediatamente que eu não poderia vê-lo, porque essa Maria ou esse Jorge não estão em lugar nenhum visível. O corpo não é você: a cabeça, o pescoço, os braços são seus; todo o corpo, da cabeça aos pés, é seu, mas ele nunca é você.

Quem o conhece? Quem me conhece? Quem já o viu ou já me viu? Cada um de vocês tem um conceito sobre mim e há tantos conceitos diferentes sobre minha pessoa, quanto há pessoas que acolhem esses conceitos. Eu não reconheceria nenhum deles como sendo Joel, porque eu me conheço por dentro e você não. Você simplesmente formou uma opinião a meu respeito, uma idéia às vezes boa, às vezes má, mas nunca correta, porque tudo o que sou, eu sou. Essa é a minha verdadeira individualidade, que não exibo a ninguém. Eu não permito que ninguém saiba como eu sou em meus piores momentos, mas os bons eu oculto também. Meu ser está oculto no meu interior, completamente isolado, seguro, com Deus. Assim, eu divulgo apenas certas qualidades, sobre as quais você forma um conceito ou uma opinião.

Eu também formo conceitos ou opiniões sobre você. Às vezes, afirmo erroneamente que não penso que esse ou aquele aluno nunca chegará a qualquer lugar espiritualmente e, então, ele me confunde como sendo um dos melhores. Além disso, os Judas, os Peter e os hesitantes Thomas mostram-nos o quanto nossos conceitos podem estar errados, quando os vestimos com todas as glórias da pura espiritualidade e então eles deixam de corresponder a essa convicção e confiança.

Muitos de vocês têm sido ensinados, em Metafísica, que toda pessoa é uma idéia espiritual, o filho de Deus e que aqueles gatos, cães e flores são idéias espirituais. Isso não é verdade e nunca foi. Uma idéia espiritual é perfeita e eterna nos céus. Uma idéia espiritual nunca muda, nunca falha, nunca tem um sentido de separação de Deus, nunca envelhece e nunca morre. Ela nunca pode ser vista com os olhos. Nunca! Assim como você não pode me ver, porque esse "eu" é uma idéia espiritual, do mesmo modo você não pode ver um gato, um cão, uma flor ou uma árvore. Você só pode ver a forma. A idéia espiritual é a própria entidade, que é a identidade espiritual, mas o que você viu é seu conceito daquela identidade espiritual.

Você não pode ver a minha mão. Você nem mesmo sabe o que é u'a mão. Olhe para a sua e então procure compreender que você não a está vendo. Você está vendo sua idéia dela aparecer como forma. A própria mão é uma idéia espiritual permanente e nunca muda, nunca envelhece e nunca morre. É um instrumento para seu uso, preparado para você no princípio e ficará com você eternamente.

O propósito dos ensinamentos de O Caminho Infinito é conduzi-lo àquele estado de consciência em que, quando você vê uma pessoa, uma coisa ou uma condição contraditória, você não tenta mudá-la. Não tente manipular nada externamente. Perceba que você não está examinando algo, mas um conceito que em si e por si mesmo não tem poder, presença ou realidade. A realidade que você está testemunhando é eterna nos céus, perfeita. Quando você olhar para um corpo harmonioso, um corpo jovem ou fisicamente perfeito, lembre-se de que você não está vendo uma idéia espiritual. Você está olhando o seu *conceito* de uma idéia espiritual. Quando você compreender isso, começará a livrar-se de qualquer mal e o restabelecimento virá rapidamente.

Mantendo o Crescimento Espiritual da Consciência

A cura é uma atividade da consciência individual. Ela não se realiza em razão de algum Deus misterioso. Quanto a Deus, Deus existe e está eternamente onipresente como indivíduo em você e eu. Para Deus, não pode haver tal coisa como uma cura.

Algumas pessoas empenhadas em trabalho espiritual têm uma saudável consciência; outras não atingiram esse estado de consciência e outras ainda estão a caminho para atingi-lo. Ninguém empenhado em trabalho e cura vive, do ponto de vista da consciência espiritual completa, todo momento dado ou em todas as oportunidades no auge do estado de consciência espiritual. Quando está, os restabelecimentos são magníficos e rápidos, mas quando não está, ocorre uma verdadeira luta.

Muito freqüentemente médiuns e mestres não estão no nível mais alto, porque pacientes e alunos não permitirão que eles gastem os quarenta dias necessários para escalar as montanhas e habitar lá. Eles não lhes darão fins-de-semana ou qualquer tempo exigido e, gradualmente, eles os fazem baixar ao próprio nível deles. Então, vem a luta e os médicos espirituais têm que se afastar por longos períodos de tempo.

É uma coisa impossível conseguir consciência espiritual e preservá-la para sempre sem continuidade de esforço. Ninguém pode saltar para o céu nesta vida e permanecer lá. A atração hipnótica do mundo humano é tal, que uma pessoa está em contínuo estado de flutuação: bem hoje e mal amanhã, ou bem por uma semana e mal por um dia. Aqueles médiuns que sabem como afastar-se do mundo seis horas por dia para onde nem mesmo possam ouvir o telefone tocar, com muita freqüência são capazes de preservar o mais alto estado de consciência. Médiuns ou mestres que mantêm seus espíritos mais intimamente repletos da vontade divina, como a única vontade, e da lei divina, como a única lei, mantêm suas consciências num nível tão alto, que todo contato com eles resulta em elevação espiritual em algum grau.

Não há nada misterioso sobre a cura; ela nada tem a ver com Deus porque, no reino divino, a perfeição existe. É uma questão de capacidade de cada um de nós manter-nos em elevação espiritual. Um meio é encontrar a particular literatura inspiracional que ajuda a manter a consciência naquele nível. Não faz diferença se está na forma de livros de prosa inspiracional, poesia ou Escritura. Deve ser algo que nos mantenha, não em um nível emocional, mas num nível espiritual de alto grau.

Um nível espiritual de alto grau nada tem a ver com a emoção. Nada tem a ver com a sua sensação de que está andando nas nuvens. A consciência espiritual é um estado de consciência que não teme nem as pessoas nem as condições. Olha para este mundo e diz: "Eu o amo, quer você seja bom ou mau, na dor ou sem dor." Entende que Deus é o centro do poder, da vida, do amor e da atividade. Não olha para o "homem cujo fôlego está no seu nariz".[3] Não deposita sua fé em "príncipes",[4] em notas de dólares, em frascos de remédios, climas ou temperatura. Sua fé integral está no reino de Deus estabelecido dentro dele.

---

3. Isaías 2:22.
4. Salmos 118:9.

Unidade, um Relacionamento Eterno

Diariamente somos tentados a acreditar em uma separação de Deus. Uma pessoa pode ter um pecado grande ou pequeno na sua vida e estar certa de que é o bastante para afastá-la de Deus. Uma outra sente que cometeu um erro de um certo tipo, algum ato de ação ou omissão, que vai afastá-la. Uma outra pessoa ainda torna-se vítima de uma grave enfermidade e pensa que isso é um sinal do afastamento de Deus. Outra pessoa também atravessa um período de carência ou limitação e aceita isso como evidência de que está isolada e separada de Deus e, nessa aceitação, reside a continuidade de sua dificuldade. A identidade com o Pai é um relacionamento eterno. Tudo que você pode manter é a *sensação* de afastamento de Deus, nunca um afastamento de Deus. A *sensação* de afastamento de Deus pode ser superada pelo conhecimento da verdade.

Eu nunca estou afastado de Deus. Todos os pecados que eu já cometi ou que possa cometer nunca me afastarão do amor de Deus. Nem toda a necessidade ou limitação me convencerão de que eu me separei do Pai ou de que estamos à parte um do outro. E nem todas as enfermidades, até mesmo a morte, me farão acreditar que Deus se afastou de mim. Apesar do fato de que neste momento eu estou mantendo uma sensação de afastamento de Deus, Deus existe e habito em Sua existência.

Rompa essa sensação de afastamento não tentando fazer uma demonstração no espaço ou no tempo, mas recolhendo-se para aquele santuário interior, tornando-se muito calmo e começando novamente com tudo que você aprendeu, para se reassegurar da natureza permanente de seu ser e verdadeira identidade.

"Antes que Abraão existisse eu sou." [5] *Eu viverei até a eternidade. Eu nunca serei abandonado ou esquecido. Eu nunca estarei sem a vida e o amor de Deus, o Espírito e a alma de Deus. Se, por qualquer razão, eu tenha manchado ou estou manchando o templo de Deus, há muito sabão e muita água. Eu limparei isso com a compreensão de que a verdadeira natureza de meu ser é Deus.*

"Porque não faço o bem que quero, mas o mal que não quero esse faço." [6] Parte da natureza humana está expressa naquela afir-

---

5. João 8:58.
6. Romanos 7:19.

mação de São Paulo, mas "esquecendo-me das coisas que atrás ficam",[7] procurando no futuro, avançando, agora, neste momento de consciência, começamos a nos elevar de novo. Se pudermos ser generosos o bastante para perdoar nosso semelhante "setenta vezes sete",[8] certamente podemos ser tão generosos com nós mesmos e perdoar-nos, sabendo que nas profundezas de nosso ser somos puros, bem como os nossos motivos. Nas profundezas de nosso ser, somos limpos e qualquer impureza que houver em nós representa apenas aquele efeito hipnótico do mundo dos homens que não superamos completamente e que mesmo o Mestre não superou até próximo do fim de seu grande ministério, quando disse: "Eu venci o mundo".[9]

Quando somos ressuscitados, isto é, quando "morremos diariamente" em tal grau, que nos apossamos da compreensão consciente de nosso verdadeiro ser, então nós também seremos capazes de dizer: "eu venci o mundo". Vencemos o mundo quando já não odiamos, tememos, amamos, cremos ou confiamos em alguém ou alguma coisa no mundo e mesmo no amor, porque vemos o Espírito de Deus no centro de todo ser. Então, podemos olhar para toda pessoa na carne e reconhecer que não a estamos vendo, porque ela é invisível.

É difícil para alguém ver Jesus em seu verdadeiro ser. Só Pedro o reconheceu como o Cristo. Assim, você também se mantém olhando para a pessoa e dizendo que "há James, John ou Elizabeth", até que um dia você examinará aquela aparência e dirá "não, há o Cristo". Todo médium ou mestre olha para a aparência humana e a rejeita: "Não, não, não, você não é James, John ou Elizabeth. Você é o Cristo. Você não vê que com meus olhos eu o vejo, com meus olhos interiores. Eu reconheço você; eu saúdo o Cristo de Deus."

O conceito do mundo sobre você é visível, mas você mesmo está brilhando para fora, por detrás de seus olhos. Assim *você* é o Cristo invisível ou o filho de Deus. E, agora, assim como você está dirigindo seu olhar para fora através de olhos adultos, lembre-se de que houve um tempo que você esteve olhando para fora através de olhos juvenis e um outro tempo em que você esteve olhando para fora através dos olhos de uma criança. Mas sempre foi você olhando para fora através daqueles olhos, você invisível.

---

7. Filipenses 3:13.
8. Mateus 18:22.
9. João 16:33.

Eu estou oculto com Cristo em Deus. Sou invisível ao mundo. É por isso que as armas do mundo não me podem atingir, pois eu não estou no mundo. Sou invisível.

Quando você chega a esse ponto, sua consciência se enriquece espiritualmente com a graça de Deus, além de qualquer coisa que você realizou com seu pensamento e conhecimento corretos, com suas leituras e meditações bem orientadas. Em outras palavras, você se conduz a um certo grau de esclarecimento pelo conhecimento da verdade correta sobre Deus, sobre os homens e sobre o universo. Você enriquece sua consciência com qualquer mensagem espiritual que você lê, estuda, pondera e sobre a qual medita. Mas, além e acima disso, está o instrumento adicional, dado a você pela graça de Deus, que realiza a verdadeira espiritualização de seu ser. O que você faz é apenas uma preparação para aquilo que recebe.

Oração, um Estado de Receptividade

A oração atendida é o resultado de um Impulso divino sentido ou percebido dentro de nós. Não tem a ver com alguma coisa que você faz, mas é algo do qual você se torna ciente. Seus pensamentos ou afirmações não são senão preparações para o recebimento da oração e de seu atendimento. Toda esta verdade que está sendo dita aqui não é oração. É uma preparação da consciência para receber a palavra de Deus, e é a palavra de Deus que é oração. É a palavra de Deus que é poder. É a palavra de Deus que cura — não a sua palavra ou a minha, mas os seus pensamentos ou os meus. "Porque os meus pensamentos não são os vossos pensamentos."[10]

O que eu declaro em silêncio não é oração. É uma preparação para a oração e meditação. Então, quando eu tiver acabado com tudo isso, mesmo que tenham sido pensamentos ou afirmações belas, eu me torno quieto e Deus ora em mim, isto é, Deus exprime sua palavra em mim. O de que eu me torno ciente é da palavra de Deus e, quando eu olho aqui fora, vejo o que eu recebi interiormente, rompido o Mar Vermelho externamente.

A Palavra que recebi em silêncio, em sigilo e santidade foi adiante de mim para curar ou iluminar o paciente ou o aluno. Eu não emiti um bom pensamento para ele. Não o instruí nem o curei. Por meio do silêncio e de uma calma confiança, abri minha cons-

---

10. Isaías 55:8.

ciência a uma receptividade à palavra de Deus, ao Impulso divino. Quando Ele veio e O senti, eu sabia que Ele estava aqui fora, fazendo os desertos florirem, os doentes ficarem bons e os desempregados arranjarem emprego. Estava fazendo isso. Eu estava simplesmente em estado de receptividade, recebendo a palavra de Deus em minha consciência e então deixando que Ela fluísse.

Nunca tenha um período de oração, comunhão ou meditação, no qual você realiza todo o ritual e então acha que efetuou alguma coisa. Não se coloque na posição de esperar que Deus ouça suas palavras ou pensamentos a maior parte do tempo. A atitude correta é você ficar esperando que Deus fale com você.

Nós usamos palavras e pensamentos na oração e meditação apenas para nos elevar, até que alcancemos altura suficiente para entender a Palavra. Ela não será compreendida pela mente humana. Ela não virá a nós através do tumulto de nosso pensamento, a menos que, em casos raros, haja algum grande impacto e por causa disso algo se quebre. Mas Deus é ouvido na quietude e placidez do silêncio, e é só neles que nós nos tornamos sintonizados com Deus. Deus é onipresença, Deus é aqui e agora. Deus está no meio de cada e de todo tumulto, mas não ficamos cientes dessa Presença, exceto na quietude de nossa alma e no silêncio da nossa mente.

Quando a mente humana está silenciosa, há integralidade, realização e percepção da identidade espiritual. É apenas na mente humana que o tumulto da vida continua. Uma vez que você se eleva acima disso, não há tumulto, não há problemas, não há nada fora do que os problemas pudessem surgir, porque tudo que envolve o seu bem-estar é suprido pela Fonte do infinito. No momento em que você estiver completamente liberado das preocupações humanas, as coisas boas começam a fluir e você as encontra sempre ali bem antes de precisar delas.

Enquanto a mente humana estiver ativa, nós sentiremos necessidade e limitação e desejaremos ter esse vazio preenchido. Então, sairemos e lutaremos para preenchê-lo, ao passo que, após termos chegado a um lugar em nossa meditação, onde podemos nos sentar e nos mover diretamente no ritmo do universo, o desejo desaparece. Não há desejo: há apenas um ser em harmonia com o ritmo de perfeita simetria.

Quando eu estou concentrado desse modo, a vida flui sem esforço consciente. Não estou fazendo as estrelas aparecerem nem a lua surgir ou o sol se pôr. Não estou tentando fazer as flores crescerem. Eu estou apenas repousando do trabalho. Estou apenas descansando do cansaço de pensar e totalmente contente em deixar Deus governar o universo.

Sem Tempo ou Espaço em Deus

A verdadeira natureza de Deus torna a imensidade uma verdade certa. Aquilo que Deus cria nunca é extinto. Se Deus nos deu nossa individualidade, se Deus nos deu nosso ser e nosso corpo, então devemos tê-lo eternamente, porque a obra de Deus é eterna. Não há coisas como tempo e espaço, em Deus. Deus existe, e isso é tudo que sabemos. Deus não age no tempo e espaço, Deus age na atualidade infinita. O tempo não existe em Deus, da mesma forma que não existe tempo em sua vida. O tempo é apenas algo com que você mede os eventos externos, mas você não vive dentro do tempo; você vive na natureza infinita de seu ser.

Alguns de vocês podem se lembrar da história do homem em um barco a remos, na correnteza. O lugar e o tempo onde ele iniciou sua viagem era aqui e agora, mas o lugar para onde ele ia era ali e depois. Em outras palavras, era no futuro e era no espaço; mas, quando ele chegou lá, achou que era aqui e agora. O lugar que tinha sido aqui e agora era lá e depois, e o lugar para o qual ele ia era lá, mais tarde. Tudo estava mudado; mas, quando ele chegou ao último lugar, tudo atrás dele estava lá e naquele tempo e todo o seu aqui e agora tinha passado, exceto aquilo que ele carregou consigo para onde foi. Quanto ao que lhe dizia respeito, estava ainda aqui e agora. Mais tarde, ele teve oportunidade de subir em um balão. Quando o fez, ele descobriu que esses lugares estão todos aqui e todos agora. Ele podia vê-los e senti-los e tomar consciência deles das alturas, como a mesma atualidade e realidade. Não havia nem tempo nem espaço naqueles três.

Quando você cerra seus olhos, você está menos ciente do tempo e espaço; mas, quando você medita e finalmente alcança o centro de seu ser, toda a sensação de tempo, espaço e corpo desaparece: peso, preocupação, passado e futuro. Todas essas coisas desaparecem e você se acha apenas vivendo. Não há sensação do passado nem do futuro. Não há sensação de um desejo, porque nessa consciência mística profunda de estar aqui e agora há apenas realização.

A Criação Individual do Reino de Deus

Deus me criou, assim é de Sua responsabilidade manter-me e sustentar-me, alimentar-me, alojar-me e agasalhar-me. Se eu devo receber justiça, reconhecimento, recompensa ou compensação, é responsabilidade de Deus.

O governo de minha vida está sobre Teus ombros. Eu habito em Ti e eu sei que Tu habitas em mim, pois nós somos um só. Tu habitas em meu companheiro e, assim, eu e meu companheiro somos um só. Tu habita nos animais, nos vegetais, nos minerais, como habitas em mim; assim, eu sou uno com eles. Nós não somos inimigos. Somos amigos; somos irmãos em Cristo.

Eu estou em Ti e Tu estás em mim, eu em Você e Você em mim, uma infinita Unidade de ser, o único amor permeando toda a criação, a única vida permeando todo ser, a única substância dando forma a toda criação, a única lei mantendo-nos todos em nosso relacionamento com ela e um com o outro.

O governo repousa sobre Teus ombros para manter-me à Tua imagem e semelhança e manter eternamente meu relacionamento com as espécies humanas, animais, minerais e vegetais. Se eu estivesse no fundo do mar, Tu ainda estarias comigo. Quando eu voar alto nos céus, Tu estás comigo. Há o mesmo influxo sustentador sob os mares, sobre a terra e nos espaços.

Tua graça não está afastada de mim, mesmo que eu viaje sob as ondas, sobre as ondas, na superfície da terra ou no ar. Tua graça é a mesma. A segurança está em Ti, assim eu não me preocupo com os meios, porque a segurança não está neles. Eu estou sempre perfeitamente ciente de que minha preocupação é apenas ser uno Contigo. Nesse estado de consciência, eu sei que Tu nunca me abandonarás. Nós somos um só. "Porque teu é o reino, e o poder e a glória." [11]

Não há poder à parte de Ti. Não há domínio ou reino à parte do Teu. Se nós o olharmos como terra, mar ou ar, é tudo Teu reino. Teu é o reino: o reino da terra, o reino da água, o reino do ar. Teu é o reino.

Tua lei governa. Tua luz, tua sabedoria, tua iluminação estão brilhando eternamente. Teu é o reino. É tanto Teu reino a Rússia como os Estados Unidos, porque nem a Rússia nem os Estados

---

11. Mateus 6:13.

Unidos são verdadeiramente Teu reino, mas nosso conceito de Teu reino. Mas Teu reino está estabelecido lá. Não faz diferença se o chamamos Vietnã, Indonésia, Reino Unido ou União Sul-Africana. A verdade do ser é que estes são Teus reinos. Tua presença está tanto na terra como no céu. "Teu é o reino, e o poder, e a glória."

O Cristo Incriado e Imortal

Relaxe e descanse na certeza de que Deus está com você. O Pai que habita em você nunca o abandona. "Eis que estou à porta, e bato." [12] Este é o Cristo, o filho de Deus, falando a você. "Eis que estou à porta e bato." Cada vez mais incessantemente, Cristo fica batendo à sua porta, quando você está pecando, quando você está morrendo e mesmo quando você está morto. Cristo não pára de bater à sua porta, até que nesta vida ou na vida futura você abra essa porta.

A porta não fica do lado de fora de você, e o Cristo não está do lado de fora, batendo para entrar. O Cristo está dentro de você e a porta está dentro de você. É a porta de sua consciência e o Cristo está tentando ser libertado em sua experiência, pelo seu reconhecimento e aceitação Dele. O modo como você admite o Cristo não é acreditar que Ele viveu há dois mil anos, morreu, ressuscitou e voltará novamente. Se você acredita nisso, você nunca abrirá a porta para Ele.

O Cristo nunca nasceu e nunca morrerá. Ele estava com você "antes de Abraão" e estará com você até o fim do mundo. Não houve nascimento de Cristo e não haverá um renascimento. O Cristo está dentro de você e é sua verdadeira identidade; Ele está à porta de sua consciência e bate.

"Antes de Abraão existir", Cristo estava em mim. O Cristo estará comigo até o fim do mundo, e agora eu O aceito em mim e reconheço que o Cristo é a palavra de Deus, que se torna carne em minha vida. Eu reconheço o Cristo em mim.

Agora eu abro a porta de minha consciência para receber o Cristo que pode assumir, ser minha vida, ser meu salvador, ser a divina Presença em mim. Daqui para a frente, eu olho para Ti, o Cristo dentro de mim, em vez de olhar para o "homem cujo fôlego está no meu nariz" e para as forças aqui fora.

---

12. Apocalipse 3:20.

O Cristo vive em mim eternamente. O Cristo é minha vida. O Cristo é meu pão, meu vinho, minha água. O Cristo é a ressurreição de meu corpo, de meus negócios, de meu lar. O Cristo é a ressurreição de todos os meus afazeres.

O Cristo não é um homem. O Cristo é o Espírito de Deus no homem, O Espírito que Deus colocou em mim "antes de Abraão existir". No princípio, Deus colocou Seu Espírito, Seu filho, Sua vida dentro de mim e isso habilitou-me a dizer: "Uma comida eu tenho para comer, que vós não conheceis." [13]

Que comida é essa que eu tenho? O Cristo dentro de mim, o todo-poderoso, o único poder. Eu não temerei nada ou ninguém no reino exterior.

Quando você tiver aceitado o Cristo em você, seu mundo inteiro começará a mudar, porque você não está no mundo sozinho. Agora você tem a Presença divina, o Poder divino, o Todo infinito; e Ela vai à sua frente para "endireitar os caminhos tortos".[14] Ela desfaz aparências errôneas "não por força nem por violência",[15] mas pelo bondoso Espírito do Cristo. "Estai quieto e vede o livramento do Senhor"[16] que está dentro de você, o Poder, a Presença, a Graça divina que está dentro de você. Abra a porta de sua consciência e reconheça que no princípio Deus plantou Seu filho em você, Seu verdadeiro Espírito. Deus soprou Sua própria vida dentro de você como sua vida. "Vivo, não mais eu, mas Cristo vive em mim".[17]

Cada vez que você ouvir a palavra de Deus, o Mundo se tornará carne nova. Cada vez que você repousar no Espírito de Deus, você descobrirá que alguma parte de seu corpo está sendo renovada, reconstruída, renascida e ressuscitada, porque o Verbo se transforma em carne.

6

A Palavra e as Palavras

Muitos crêem que o que está nas Escrituras e nos livros de Metafísica seja Verdade, o Verbo. Mas realmente não é nada disso.

---

13. João 4:32.
14. Isaías 45:2.
15. Zacarias 4:6.
16. Êxodo 14:13.
17. Gálatas 2:20.

É simplesmente uma coleção de afirmações sobre a Verdade. Não é a própria Verdade. A Verdade é sua consciência da Verdade; é seu estado de consciência da Verdade. Essa é a única Verdade que existe e isso é o Verbo.

O Verbo nunca é um efeito; é causa. Quando a palavra de Deus chega a você, não vinda de fora, mas de dentro, então se você tem um mar Vermelho para atravessar, Ela o abrirá. Se você estiver no deserto, o deserto florescerá. Se você precisar de chuva, a chuva cairá. Se você clamar pelo sol, o sol brilhará. Se você precisar de alimentos, eles aparecerão. Se você necessitar de dinheiro, o dinheiro virá. Estas coisas acontecerão, porque a palavra de Deus é a substância da vida e fora desta Palavra vem a carne ou a forma: seu corpo, seus negócios, seu lar, sua profissão, sua capacidade, seus fregueses, seus clientes ou seu suprimento.

Mesmo que você leia estas palavras, elas ainda não são poder, na medida em que lhe diz respeito. Mesmo se elas lhe parecerem razoáveis e você puder aceitar a mensagem intelectualmente, ela ainda não é poder com você. Ela se torna poder apenas quando você a tiver sepultado em sua consciência e meditar nela, até que das profundezas de seu ser a resposta e a aceitação dela, que poderiam ser chamadas de convicção ou compreensão, venham. As afirmações em um livro — as palavras, as orações e os parágrafos — representam a verdade sobre a Verdade, levando-o de volta às profundezas de sua própria interioridade, onde você abre espaço para o Verbo manifestar-se.

O Conhecimento da Verdade na Meditação Contemplativa

Se você estivesse a ponto de realizar um tratamento ou ter uma meditação contemplativa, você traria à consciência todo pensamento e idéia que pudesse sobre Deus e o espírito da criação — não sobre o homem, sobre um paciente, sobre uma enfermidade, pecado ou necessidade. Não há verdade que você possa saber sobre o homem, exceto a de que ele não é nada de si mesmo.

Mas você pode saber a verdade sobre Deus e é isso que constitui seu tratamento ou meditação. Assim, você poderia sentar-se calmamente e lembrar-se de que:

Deus existe e porque Ele é único, é infinito e é tudo que existe. Deus está presente onde eu estou.

Deus é a única lei, porque Ele é o legislador. Pelo fato d'Ele ser a única lei, não há lei de enfermidade, de necessidade, de limitação. Deus é a lei, a lei da abundância. Ele é a força onipotente, a lei todo-poderosa. Assim, não há lei que se oponha à lei de Deus e Ele é a lei para meu ser individual.

Deus é amor, assim não há poder que se oponha ao amor de Deus.

Deus é vida, portanto, não há enfermidade na vida e não há morte na vida.

Deus é consciência infinita, imortal, Consciência divina; assim, não há inconsciência.

Deus é inteligência infinita e, portanto, não há coisa como insanidade, falta de inteligência ou qualquer crença mortal de retardamento. Não há verdade para elas. Não há poder nelas pois Deus é o poder único. Não há poder na aparência do pecado, da morte, da necessidade ou da limitação. Assim, se eles quiserem se manter existindo, deixe-os seguir em frente e existir, mas não há poder nele. Não há poder à parte de Deus.

Essa é a verdade sobre a Verdade. Mas, quando você declarar toda a verdade sobre Deus e sobre a criação divina que conhece, acomode-se em uma atitude atenciosa e cuidadosa e então o Verbo — o V-E-R-B-O — virá a você. Você pode ouvi-Lo dentro de você, como se estivesse ouvindo uma voz. Você pode ver um clarão de luz ou ter apenas uma sensação, um repouso profundo e depois uma libertação, como se um peso tivesse saído de seus ombros. Nós chamamos isto de ouvir o Verbo, mesmo que você não tenha ouvido palavra audível.

Quando você faz uso da linguagem da religião e da Escritura, pode ceder um tanto à licença poética. Quando você diz que ouve a "voz mansa e delicada",[1] não significa necessariamente que você ouve alguma coisa. Às vezes significa apenas que você respirou profundamente, um sorriso se estampou na sua face e você quer saber com o que você poderia ter sido perturbado. Todas as aparências podem ser as mesmas, mas agora você está aliviado e libertado delas. É como se você olhasse para um vaso de flores, e as visse como serpentes e por um minuto ficasse muito assustado. Então, quando olhou novamente e percebeu que eram flores apenas, você ficou aliviado — sem mais temor. A mesma coisa houve que o

---

1. I Reis 19:12.

fez temer antes, mas agora não causa temor, porque você se libertou do falso conceito dela.

Crença Versus Experiência

Se você imagina uma enfermidade como sendo algo a temer, perigosa e danosa, ou se imagina a necessidade como algo de que deve se livrar, naturalmente você vai temer tudo isso. Na medida em que você teme alguma coisa, é escravizado por ela. Mas, num período de iluminação, você diz a si mesmo: "Por que devo temer a doença? Deus é a única força; desse modo, que poder a doença pode ter? Por que devo temer a necessidade?

Que diferença faz, se eu tiver muito ou pouco dinheiro em meu bolso? Deus ainda está em ação. Isso é tudo com que tenho de me preocupar. Se há um Deus, estou feliz e seguro. Se não há, tenho de estar temeroso sobre alguma coisa. Mas temer apenas a falta de dinheiro ou a falta de um lar é um despropósito quanto à existência de Deus."

Comece a ter medo se você descobrir que não há Deus, porque então você está em dificuldades. Mas, na medida em que possa ter certeza de que Deus existe, não tema uma limitação, uma pessoa, uma bomba. A decisão é sua. Você acredita que existe um Deus? Eu não quero dizer acreditar como a maioria das pessoas são ensinadas a fazê-lo, mas você acredita em Deus?

"Oh! sim", você pode responder. "Eu creio em Deus." "O que é que você crê a respeito de Deus?" "Eu não sei." Tal pessoa, na verdade, não crê em Deus. Intimamente, ela questiona a existência de Deus. Ninguém deveria ter esse tipo de crença em Deus. A verdadeira crença em Deus surge quando uma pessoa descobre Deus pela própria experiência. Ela descobre Deus pela própria experiência quando descobre o Verbo, que significa a consciência ou o sentimento da Presença. Ela começa com a afirmação da verdade, mas no momento em que sente o Verbo, seu mar Vermelho começa a se abrir, seu deserto começa a florir, suas provisões começam a fluir e sua saúde começa a ser restabelecida.

O Conhecimento da Verdade Sobre o que Existe

Não há verdade a ser conhecida sobre o homem; assim, não desperdice tempo sabendo a verdade sobre Jones, Brown ou Smith.

"Se eu testifico de mim mesmo, o meu testemunho não é verdadeiro."[2] Assim, se você fala de Jones, Brown, Smith ou de si mesmo, você está falando uma mentira. Não conheça a verdade sobre o homem e não tente conhecer a verdade sobre o pecado, a doença e a morte. Não há nenhuma; elas são ilusões.

Se você estivesse no deserto e visse a miragem da água diante de você, tentaria saber a verdade sobre a água? Você não pode fazer isso, porque não há verdade a saber sobre a água. A água é uma ilusão. Você teria que saber a verdade sobre o deserto e o deserto é formado de muitas coisas — sol, areia e ar. Essa é a verdade. O que acontece à miragem? Você a reconhece bem. Ainda pode ver a imagem da água lá, mas agora ela não tem poder sobre você. Você não a teme, você não tenta ir para junto dela, não apela para o corpo de bombeiros retirá-la para longe. Você a atravessa diretamente, porque não está indo através da água; você está indo através de uma miragem. O que você compreende como inexistência não tem poder para limitá-lo.

Vamos supor que você declare que a doença não tem poder nem lei e então você olha para ver se a doença ainda está lá. Isso não é diferente de declarar que não há água no deserto, porque é uma miragem, e ainda aceitar a miragem como verdadeira e como um obstáculo. Enquanto você achasse que a água que você viu no deserto era água, você seria um verdadeiro servo dela. Você não pode passar por ela. Você estaria procurando por um desvio ou por um meio de se livrar dela. Mas no momento em que soube que a água era uma miragem e que não tinha poder, você daria partida no seu carro e passaria por ela. Ela não tem poder para detê-lo, uma vez que você saiba que o que chamava água era apenas uma miragem.

Tratando Daquilo que Aparece Como Crença

Enquanto você pensar na doença, sabendo que seu resultado é a dor, a morte ou dissolução, não pode evitar temê-la, odiá-la e desejar livrar-se dela. No momento em que diz: "oh, você não é doença, mas uma miragem, uma ilusão, uma mentira sobre Deus", não importa se você ainda a vê. Ela perdeu seu poder sobre você, quando você puder ver que não há poder divino nela, nem poder

---

2. João 5:31.

de qualquer natureza. Porque ela perdeu sua força sobre você; mesmo que a aparência possa ainda continuar por um dia, uma semana ou um mês, esteja certo de que ela desaparecerá gradualmente de sua consciência, uma vez que está liberto do ódio, do temor ou do desejo de livrar-se dela.

Essa é uma questão muito profunda, porque neste estado de consciência você não precisa fazer esforço para livrar-se do pecado, da doença, da morte; você não poderia fazer nada mais do que o alcoólatra para livrar-se de suas serpentes. Se ele está vendo serpentes em seus sonhos etílicos, elas vão ficar com ele, enquanto for escravo do álcool. O efeito do álcool pode ser tal, que ele acredita que vê serpentes e, enquanto sofrer os efeitos de um exagerado vício no álcool, continuará a ver serpentes.

O pecado, a doença e a morte representam a crença em uma individualidade à parte de Deus, em um poder e em uma presença separados de Deus. Assim, enquanto você conservar a crença em uma individualidade, em uma presença e em uma força à parte de Deus, a substância dessa crença estará presente na forma de doença, necessidade, limitação ou pecado. Não adianta nada tentar livrar-se dela. O que você deve fazer é tentar mudar sua idéia sobre ela ou alcançar a consciência ou o estado de consciência da verdade.

Esperando Pela Palavra

Nos ensinamentos espirituais, as palavras se referem a qualquer coisa e a tudo que você sabe sobre Deus, as leis divinas, a presença de Deus, o poder de Deus, o princípio divino, o homem de Deus, o universo de Deus e o reino de Deus. Essa é a palavra sobre Deus ou a Verdade; mas, quando você fica calmo e sente um alívio, isso é o Verbo, isso é a consciência ou estado de consciência da presença de Deus. Isso é a presença de Deus, anunciando-Se dentro de você. A palavra de Deus é poder, grande poder, poder infinito, o poder único: vivo e nítido.

Se as palavras que eu e você pronunciamos fossem a palavra de Deus, também seriam vivas, nítidas e poderosas. Teríamos apenas que pensar ou exprimir as palavras e todo erro desapareceria. Mas nossas palavras — o que lemos, afirmamos ou pensamos — não são a palavra de Deus. As palavras que conhecemos, pensamos, lemos, afirmamos, declaramos sobre Deus e sobre o universo divino constituem a verdade sobre a Verdade, a palavra sobre a Verdade. Então, depois de conhecer a verdade, podemos meditar: "Pai, eu tenho me elevado em Vossa consciência. Manifestai-Vos e declarai-Vos."

Tome uma atitude auditiva. Você pode ter que se preparar por uma semana, um mês ou um ano, antes que realmente entenda onde você pode estabelecer-se em uma atmosfera de receptividade e esperar até que essa magnífica libertação venha de dentro de você. Se você buscá-la e desejá-la, pode possuí-la. Você tem o reino completo de Deus em sua posse, mas, por causa de séculos de humanidade, perdeu a habilidade de comunicar-se com ele. Se você deseja muito o reino de Deus, aprenderá a sentar-se duas ou três vezes por dia, lembrar-se você mesmo de toda a verdade que puder a respeito de Deus, do reino divino, do universo divino e da criação de Deus e então descansar.

Agora, Pai, fale. Eu estou ouvindo a Sua voz. Sou receptivo à Sua presença. Tenho somente um desejo — não é daqui de fora. Não estou interessado em conseguir emprego, posição, riqueza, fama, fortuna ou felicidade — nem mesmo paz, nem mesmo segurança. Tenho somente um único desejo na vida: conhecê-Lo. Esse é meu único desejo. Entrego este mundo inteiro a você, Pai. Devolverei a você todos e todas as coisas que estão nele. Apenas deixe-me tê-Lo. Já não peço graças para mim mesmo ou qualquer pessoa. Apenas deixe-me conhecê-Lo.

O Homem Material, um Recebedor; o Homem Espiritual, um Doador

O homem mortal e material é um ambicioso pelo êxito, eternamente ambicioso por conseguir algo, mas nunca alcançando, nunca satisfeito. Mesmo quando é bem sucedido em conseguir milhões — a presidência, o nome, a fama —, sempre há mais um passo a dar. E ele nunca alcança a paz, a harmonia, o abrigo, a satisfação ou a alegria.

O homem espiritual é o oposto disso. Ele nunca precisa de nada. Ele tem tudo aquilo que o Pai tem e está, portanto, sempre buscando os meios de deixar tudo fluir. Em outras palavras, tudo está sempre se derramando através dele. Qualquer coisa que tenha nunca é sua posse pessoal.

O homem, uma vez que adquira consciência de seu ser verdadeiro, não é um recebedor ou comprador. Nas aparências, ele é um doador, ainda que não o seja verdadeiramente. Ele é como a vidraça através da qual o sol brilha. Ele é apenas um instrumento, um meio, porque nunca dá alguma coisa de si próprio. Ele não tem nada mais a dar do que eu que tenho estas palavras de verdade a oferecer. Elas não são minhas, mas estão somente vindo através de mim. Se eu tentasse armazená-las, eu as esqueceria. Assim, a melhor coisa que tenho a fazer é deixá-las fluir enquanto estão fluindo, perdê-las e deixá-las ir. Eis a verdade de tudo na vida. É a verdade da cooperação, da benevolência, da participação, quer se trate de dinheiro ou idéias. Em qualquer plano da vida, o homem espiritual nunca está buscando.

No momento em que houver em sua mente um pensamento de obter ou receber, mesmo de Deus, você está de volta, mais uma vez, ao estado de mortalidade. Apenas quando você estiver compreendendo o "eu tenho", e deixando-o perder-se é que você estará em estado de consciência. Você está mergulhado no estado de consciência espiritual enquanto estiver consciente de que o bem está fluindo através de você para o mundo. No momento em que o pensamento de obter ou receber entra, mesmo sendo digno ou merecedor, então você se afasta da luz espiritual.

A Verdade Relacionada com a Mente

Atualmente, não há verdade que você conheça que seja realmente a Verdade. A Verdade real é algo não relacionado com a mente. É algo que Se concede à alma. A verdade que conhecemos com a mente é apenas nossa preparação para receber o próprio Verbo na alma.

Afirmações e negações da verdade não são usadas em O Caminho Infinito. As passagens da Escritura ou literatura espiritual são usadas para inspiração. Mas há uma diferença entre repetir a citação: "Porque ele cumprirá o que está ordenado a meu respeito",[3] algumas centenas de vezes, aproximadamente, e levar a afirmação para a meditação, ponderando-a até que seja revelado quem é "ele", a quem se refere e o que está "ordenado" para você. Aprenda a voltar-se para dentro de si mesmo e deixe que o Pai lhe dê o ca-

---

3. Jó 23:14.

minho que deve ser o seu maná para o dia. Falando sobre Deus, lendo sobre Deus ou indo a aulas para aprender a respeito de Deus não será a sua salvação. Mas a prática desses atos o conduzirá à salvação, se você for constante. Sua salvação só virá quando você conceber e reconhecer o Espírito de Deus em sua experiência, quando tiver uma experiência divina real.

Você pode ter muitas curas. Você pode testemunhar muitas coisas através da provisão e felicidade, que vêm até você pela consciência iluminada de um médium ou mestre, mas isso não serve para harmonia permanente. Isso não ocorre até que você habite na Palavra da verdade e deixe que essa Palavra habite em você, até que a experiência de Deus se torne sua.

Quando você escutar a "voz mansa e delicada" em seu ser interior, um dia desses ainda vai ouvi-la dizer: "Tu és meu filho; tu és meu filho querido; tu és o Cristo de Deus; eu estou muito agradecido a ti." Mas é a "boca do Senhor" que dirá isso a você, não um médium, um mestre, um diploma ou um título. Será a "boca do Senhor" que proferirá essas palavras em sua consciência e, então, você saberá que o Espírito do Senhor Deus está junto de você. "E chamar-lhe-ão: Povo santo, remidos do Senhor; e tu serás chamada a Procurada, a cidade não desamparada." [4]

Pois é assim que o chamarão naquele momento em que você conceber o Espírito do Senhor Deus junto de você. É por isso que eu digo que você não deveria perder o seu tempo realizando trabalho mental ou gastar todo o seu tempo em leituras. Dê tempo de sobra à contemplação e meditação. Contemple e medite sobre Deus e todas as coisas de Deus, até que o verdadeiro Espírito do próprio Deus proclame Sua presença dentro de sua consciência.

O Período de Escuta no Tratamento

Quando você for convocado para socorrer alguém, mesmo que, a princípio, você possa fazer uso do tratamento, certifique-se de que seu tratamento consiste da palavra de Deus e, por conseguinte, um lembrete para si mesmo de tudo o que sabe e compreende a respeito de Deus e do reino divino. Quando esse período chegou ao fim, não pense que você terminou. A sensação de estar terminado vem apenas quando a segunda metade foi completada e você

---

4. Isaías 62:12.

pode sentar-se em silêncio e escutar até que o Espírito de Deus esteja junto de você e saiba que Ele existe. Você O sente, você tem a resposta dentro de si mesmo.

Cada vez mais tenho salientado o fato de que não há verdade que você conheça com a mente que seja realmente verdade. Não há verdade que você declare ou leia num livro que seja realmente verdade. Essas são apenas afirmações ou pensamentos sobre a Verdade: palavras, não *o* Verbo. Não há nada exterior que possa ser denominado Verdade.

Talvez seja este o ponto mais importante em toda a prática da cura: não tenha muita fé no que você ouve ou no que lê. Tenha fé verdadeira e confiança em sua capacidade de sentar-se calmamente e escutar. Faça silêncio. Não exige pensamentos nem palavras o ato de induzir o Espírito de Deus a apossar-se de você. Exige tranqüilidade, quietude e confiança. Sente-se na quietude e deixe "a minha paz" [5] chegar até você. É uma paz além de todo conhecimento, uma paz que ninguém sabe descrever e que ninguém pode lhe oferecer. Essa paz é de Deus. E mesmo que ela possa parecer vir até você através de alguma pessoa, ela vem de Deus.

Seu relacionamento com Deus é unidade, filiação divina. É o seu relacionamento, a despeito de algo ou alguém mais no mundo. Você pode sempre realizar essa unidade ao retirar-se para um lugar calmo em sua casa, uma biblioteca pública ou uma igreja onde não esteja se realizando qualquer cerimônia religiosa — qualquer lugar em que possa estar em silêncio, quieto e em paz — e ser envolvido por uma atmosfera divina. Em qualquer lugar em que se encontre, nesse estado de quietude, a graça de Deus é acessível a você por causa de sua filiação divina, por causa de sua identidade com o Pai e não porque você a mereça como ser humano. Não há seres humanos no mundo que possam sempre ser bons o bastante para merecer a graça de Deus.

Mesmo mergulhado nos pecados mais profundos, a graça de Deus pode vir para você. Com essa graça, os pecados desaparecerão, as enfermidades se afastarão — nem sempre instantaneamente, porque às vezes a evidência exterior da graça de Deus vem vagarosamente. Portanto, eu o estimulo a ser paciente consigo mesmo e, desse modo, aprender a ser paciente com os outros que se encontram em variadas formas de doença, pecado, necessidade ou limi-

---

5. João 14:27.

tação. Nunca seja impaciente com o seu desenvolvimento ou com o dos outros.

A graça de Deus vem vagarosamente para a maior parte de nós, não por causa de Deus, mas por causa da densidade de nossa condição humana. Se todos os nossos pecados não desaparecem em um segundo, nós não julgamos, criticamos ou condenamos. Se nossas vidas exteriores não atestam imediatamente a plenitude de sua mensagem, não pensamos que haja algo errado com a mensagem. Cada um de nós, neste trabalho, está tentando viver de acordo com o seu mais elevado estado de consciência de Cristo já demonstrado, e o fato de que nós estamos prosseguindo neste trabalho mostra a nossa luta para alcançar até os mais elevados reinos da consciência espiritual, as visões mais profundas do Cristo. Assim, seja muito gentil e generoso em sua opinião a respeito do grau de compreensão que você e outros já alcançaram.

O Espírito do Senhor

Quando se ama outras pessoas — membros da família, amigos, pacientes ou alunos — que apelam para você por socorro, não permita que os problemas delas o perturbem. Force a si mesmo a sentar-se em silêncio e receber o Espírito de Deus dentro de você. À medida que você recebe este Espírito do Senhor, seu amigo, seu parente ou seu aluno, ascenderá a um estado de consciência mais elevado e terá também a sensação de harmonia, graça e paz.

Não é alguma preocupação mundana que o capacitará a auxiliar o mundo. Não é o fato de ser um benfeitor ou de ter um fervor para fazer prosélitos que resultará na cura, conforto ou suprimento. Só uma coisa o capacitará a ser uma luz para este mundo: é a capacidade de sentar-se em quietude e paz e sentir o Espírito do Senhor Deus em você. Então, esse Espírito do Senhor, que você sente interiormente, será a Graça salvadora e regeneradora para todos aqueles dentro do alcance de sua consciência.

No momento em que o Espírito do Senhor Deus estiver em você, toda palavra que disser ou escrever a seus parentes, amigos, pacientes ou alunos sai para o mundo todo. Você não conhece o limite de sua capacidade, uma vez que sente o Espírito do Senhor dentro de sua consciência. Cada carta que você escrever, que leve uma mensagem da verdade, é uma expansão do estado de consciência do Espírito do Senhor dentro de você, alcançando o coração, a alma, a consciência e o corpo daqueles para quem você escreve. Esse Espírito em você é uma expansão da consciência espiritual que circunda o globo terrestre.

A Palavra, não Palavras, Gera Fruto Espiritual

A Verdade é infinita e toda a verdade está em sua consciência neste momento. Portanto, você não precisa aprender qualquer verdade. A única razão por que você está estudando este livro é levar essa verdade de dentro para sua compreensão consciente. Porquanto Deus é a sua consciência, sua consciência já está íntegra e completa. Há nela agora toda a verdade que você sempre necessitará até o fim dos tempos. Mesmo a Bíblia não pode acrescentar nada a isso. Você tem apenas que se voltar para o Pai dentro de você para ter revelada a você qualquer verdade que necessite neste momento. Será a Palavra, não palavras.

Se você tivesse tido a sensação de ser o instrumento através do qual uma centena de casos de reumatismo fossem curados, poderia considerar que, para o centésimo primeiro caso, seria necessário simplesmente lembrar a verdade usada ao tratar dos cem casos anteriores. Mas não adiantaria nada. Para cada problema, é necessário voltar-se no íntimo para o Pai, para sua própria Consciência divina, para a verdade do momento. Isso revela claramente por que é impossível desenvolver uma fórmula para a cura, porque ela não é fruto das palavras, mas vem quando *a* Palavra é ouvida.

Qualquer verdade externa, existente no mundo, em qualquer aparência, é um efeito, não uma causa. A única verdade que é uma causa é a verdade que se desenvolve de dentro de seu próprio ser. Mas, quando a palavra de Deus tem êxito, ela "é viva e eficaz, e mais penetrante do que espada alguma de dois gumes, e penetra até à divisão da alma e do espírito, e das juntas e medulas, e é apta para discernir os pensamentos e intenções do coração".[6]

Quando encararmos um problema, sentemo-nos em silêncio. A fim de poder fazer isso, comecemos com a compreensão consciente de Deus e com quaisquer afirmações que possamos nos lembrar a respeito de Deus, mas não o propósito de curar alguém ou algo. É com a finalidade de nos tornarmos quietos e receptivos

---

6. Hebreus 4:12.

numa atitude de segurança. Então, nós nos reclinamos e dizemos: "Pai, é a sua vez", e permanecemos em paz, quietos, até que alguma coisa venha. A palavra de Deus pode vir como uma afirmação ou apenas como um sentimento de libertação. Se a cura não aparece, pode ser preciso realizar este processo duas ou duzentas vezes. É claro que isso não depende de palavras, não importa quão verdadeiras e autorizadas possam ser. É uma confiança completa na Palavra.

As afirmações são levadas para a meditação contemplativa, ponderadas, refletidas, de modo que seu significado interior se revele. Quando você recebe seu significado interior, está sendo espiritualmente alimentado. A meditação não é um ritual, dividido e árido. Umas vezes, pode ser completada quase num piscar de olhos e, outras vezes, pode ser necessário permanecer sentado a noite inteira ou continuar com as meditações periódicas durante muitas semanas. A cura não vem até que você tenha sido removido da crença de que o problema tem poder. Chegar àquele estado de consciência, que é a liberdade, pode levar muitas meditações. Afirmações da verdade não trazem liberdade. A liberdade é um estado de consciência interior e traz a libertação a você ou a alguém voltado para você.

O objetivo de nosso trabalho é a revelação da consciência mística até o ponto em que possamos aprender espiritualmente a verdade sobre nós mesmos e em relação uns com os outros. Isso ocorre somente quando o Espírito do Senhor Deus está conosco e "a boca do Senhor" nos dá nosso novo nome, que é Filho, Filho da Honradez, o Cristo. É da boca do Senhor que nós recebemos o novo nome de Cristo, Amado, o amado de Israel, *Meu* filho. Isso nós ouvimos na quietude e no silêncio e é o Espírito do Senhor Deus que desce sobre nós.

III

Alcançando o Domínio Consciente

7

Conceitos ou Verdade?

Se eu tivesse que perguntar a você o que pensa da Bíblia, sua opinião provavelmente seria bastante diferente de qualquer outra pessoa que tivesse lido esse livro. Parece haver muito pouco entendimento sobre o assunto da Bíblia. Mas não importa o que você ou qualquer outra pessoa pensa, pois ela é o que é e o que é ninguém realmente sabe. Se há um ano tivessem lhe perguntado sobre ela e então hoje novamente e daí a um ano a partir de agora, provavelmente nenhuma das três respostas estaria de acordo, porque seu conceito da Bíblia muda com o desenvolvimento de sua consciência.

Assim, também, tudo o que você possa estar pensando de uma pessoa é errado. Eu não me preocupo com o que você está pensando. O que quer que seja está errado, porque o que você está pensando representa seu conceito da pessoa no momento, e esse conceito muda de momento em momento e de ano para ano.

Você deve aprender a não odiar ou temer seu conceito de vida, seja ele um conceito de humanidade, de pecado ou de doença, porque é apenas um conceito. Não há poder real nos conceitos. O que você está considerando como pessoa não é pessoa: é um conceito de pessoa. Mas esse conceito não tem poder. Todo poder está em Deus. Por exemplo, qualquer que seja seu conceito de mim, não há poder nele que possa tocar-me. Se você pensar que eu sou bom, isso não faz diferença para mim. Se você pensar que eu sou mau, também não faz diferença. Seu pensamento não tem poder sobre mim. Deus me mantém e me assiste e eu não estou sujeito a nada senão a Deus. Não há vida em seu conceito sobre mim. A vida está em mim, não em seu conceito sobre mim.

Também ocorre o mesmo com tudo que você vê, ouve, toca, saboreia ou cheira: você realmente nunca sabe o que é. Um diamante pode ser bonito e de muito valor. Qualquer beleza e valor, que houver, estão no diamante, não em sua opinião sobre ele. Você pode pensar que, no entanto, seja uma imitação, mas o que você pensa não altera o valor do diamante. Você não mudou seu valor nem sua qualidade. Você pode pensar que é perfeito e ele pode ser imperfeito. Você pode pensar que é imperfeito quando ele é perfeito. Mas, ele é o que é e o valor está nele, não em seu conceito sobre ele. Lá fora pode fazer sol ou chuva. Tudo o que você pensa sobre o sol ou a chuva não surte efeito sobre nenhum deles.

A utilização dessa verdade para a obra da cura é importante. Você não sabe o que uma enfermidade ou um pecado são. Você apenas faz um conceito deles e não há poder verdadeiro nesse conceito. Além disso, você não conhece a pessoa que está se dirigindo a você para ajudá-lo. Você apenas tem uma concepção dela. Não há poder real em seu conceito; o poder está dentro de você mesmo e é o poder de Deus, porque não há outro.

Recorde a afirmação do Mestre para Pilatos: "Nenhum poder terias contra mim, se de cima te não fosse dado." [1] Agora, vamos encarar os fatos. Pilatos era o governador, dotado de autoridade total conferida pelo César. Ele era tanto o juiz como os jurados. Isso era a aparência. Assim, o Mestre negou que Pilatos tivesse qualquer poder, exceto o que veio do Pai. Isso é exatamente o que eu estou dizendo aqui. O homem não tem poder para ser justo ou injusto, bom ou mau, pecador ou puro, doente ou são, porque todo poder está em Deus e se exterioriza, a partir de dentro do Pai.

No momento em que você começa a perceber esse fato, começa a retirar poder dos conceitos de formas, pessoas e condições. Você faz isso conscientemente. Não há poder fora de você que possa substituí-lo. É você, você mesmo, que deve aprender a olhar para uma pessoa como o Mestre olhou para Pilatos e reconheceu: "Oh, não, vejo agora que o que eu estou vendo como você é um conceito, uma imagem, um efeito, mas o poder está em Deus, que o criou. Mesmo seus pensamentos não têm poder. Deus que elabora seus pensamentos, é que tem poder. Você não tem poder. Todo poder está em Deus."

---

1. **João** 19:11.

Você aprende a fazer o mesmo com a enfermidade, com o pecado ou com a necessidade. Você não fecha apenas seus olhos e diz: "Não existe tal coisa" ou "Não há realidade nela." Isso é fazer como o avestruz que enterra sua cabeça na areia. Ignorando um fato, você não pode mudar a si mesmo ou uma coisa. Você tem que estar disposto para olhar de frente qualquer tipo de erro — qualquer forma, não importa sua aparência horrorosa e torpe. Olhe bem para ela com a convicção: "Você não tem poder. O poder está em Deus que o governa, que o move, que é sua mente, sua Alma, seu Espírito, que lhe deu a vida, que lhe deu a alma." Desse modo, você depara com uma situação e pergunta: "De onde você veio? Você é um efeito; você não é uma causa. Alguma coisa o gerou. Quem quer que o tenha gerado é o poder. E o que poderia ter gerado você, se Deus fez tudo que foi feito e nada foi feito, exceto o que Deus fez?"

Só Deus é Poder

Como pode haver um Deus infinito, bom, e uma enfermidade? Tudo é feito à imagem e semelhança de Deus; assim, mesmo quando você está olhando para aquilo que o mundo chama enfermidade, você não está olhando para ela mais do que está olhando para a água, quando a vê no deserto: você está vendo uma imagem, uma miragem, uma ilusão, uma aparência que não tem poder. É nessa percepção que a cura se realiza — não a negando, desviando-se dela ou tentando se elevar acima dela, mas olhando-a bem e dizendo: "Deus fez tudo que foi feito e tudo que Deus fez é bom. Alguma coisa que Deus não fez não foi feita. Assim quem quer que você seja não tem poder."

Nos capítulos segundo e terceiro do Gênese está o relato do conceito do homem sobre a criação, não a criação de Deus. O homem olha para a criação com sua visão limitada e dota-a de qualidades de acordo com seu conceito dela. Ele diz: "Você é uma serpente e eu a temo." Daí para a frente, vive com medo de uma serpente. Mas algumas raras pessoas no mundo se lembram de que Deus deve ter feito a serpente também. A serpente nunca é envenenada pelo seu próprio veneno. Ela está cheia dele, mas não é envenenada por ele; desse modo, evidentemente, é veneno apenas quando aceitamos o conceito dele como veneno. De fato, o veneno da serpente é extraído e utilizado para propósitos medicinais. É um mundo estranho: tememos uma picada de cobra, mas o médico toma a substância considerada venenosa, injeta-a em uma pessoa e ajuda ou cura certas doenças físicas.

Tudo é uma questão de conceito. O que você vê, saboreia, toca, ouve e cheira não é criação de Deus, é um conceito sobre a criação de Deus. Não há poder nele, exceto o poder que a crença lhe confere. Na realidade, não há poder em nada sobre que você possa pensar, ver, ouvir, saborear, tocar ou cheirar. Todo poder está em Deus. À medida que você persiste nisso, como uma atividade da consciência todos os dias, torna-se um assunto de convicção.

Julgamento Correto

O Mestre ensinou seus discípulos a evitar o julgamento de pessoas e coisas quando disse: "Por que me chamas bom? Não há bom senão um só, que é Deus." [2] Se você não deve chamar Jesus de bom, então não chame de boa nenhuma pessoa ou coisa. Não chame a saúde de boa, nem a riqueza, nem a felicidade. Chame apenas Deus de bom. Nunca chame de bom qualquer efeito, porque o bom está na causa.

É também falso olhar para alguma coisa e chamá-la má. Ela não é boa nem má. Não tem poder positivo nem poder negativo, porque todo poder está em Deus. No momento em que você puder tirar poder positivo e poder negativo de um efeito, você obedeceu ao ensinamento de Jesus em dois pontos. Você não está chamando de boa uma pessoa, mas está chamando bom a Deus. E não está temendo o mal de Pilatos, porque está reconhecendo Deus como o único poder. Assim, você afastou o bem e o mal do efeito e agora tem todo poder em Deus.

Não há meios de se fazer um julgamento justo pelas aparências. Não olhe para o que parece ser uma boa condição, julgando-a boa porque não é. Sua única bondade está em Deus. Não olhe para qualquer mal, chamando-o de mal, porque isso é julgar apenas pelas aparências. Você não tem conhecimento do que jaz atrás das aparências, de modo que é uma questão de exercitar-se a si mesmo, ser capaz de olhar para as aparências humanas tanto do bem como do mal e dizer: "Nem eu o julgo. Nem declaro que você é bom

2. Mateus 19:17.

ou mau. Direi que você deve ser espiritual, porque Deus criou tudo que existe e Deus é Espírito." Este último ponto é muito importante, porque a cura do Caminho Infinito é praticada nessa base.

É possível alguém ser aprovado em um exame médico para efeito de seguro e morrer do coração na semana seguinte. O médico tinha julgado pelas aparências. De acordo com todos os testes, houve funcionamento normal e nenhum dos instrumentos detectou qualquer problema. Os médicos dizem para muitas pessoas que elas vão morrer logo, apesar disso, elas continuam vivas e o médico já está morto. Um diagnóstico do médico pode dizer que uma pessoa tem apenas mais uma semana ou um mês de vida, mas o médico não sabe o que se passa na consciência do paciente que está funcionando para derrotar o seu diagnóstico. Há forças em ação sobre as quais os médicos nada sabem a respeito. Há forças em ação que eu e você nada ou muito pouco sabemos a respeito. Assim, é inútil julgar pelas aparências.

Uma pessoa pode estar morrendo de determinada doença hoje e ter uma vida inteira pela frente amanhã. Não se trata da conclusão a que eu e você chegamos, quando só julgamos pelas aparências. Se quisermos julgar com justiça, eis a verdade: Deus é a vida e a vida é eterna. Eis a verdade. Mas se hoje eu fosse dizer a você que está bem ou mal de saúde, que tem integridade ou não, eu estaria julgando pelas aparências. Eu não conheço a realidade sobre você; conheço apenas a aparência que você está apresentando.

Recusando o julgamento, nem condenando nem julgando-o, percebo que nada conheço sobre você, exceto que você é Deus que aparece como um ser individual. Eu não sei se você é bom ou mau, se está doente ou com saúde, mas que você é Deus aparecendo, e nisso insisto. Tudo que Deus é, você é. Tudo que Deus possui, você possui. Deus constitui seu ser. Eu não posso ver isso com meus olhos. Com meus olhos, posso apenas julgar pelas aparências. Eu podia até julgar que idade você tem e há quantos anos você deixou de caminhar sobre a terra, mas eu podia fazer isso apenas com meu julgamento humano. Depois você poderia voltar e zombar de mim.

Não é possível fazer um julgamento correto, olhando apenas as aparências, porque você é o que é e o que você é está manifesto em Deus, expresso em Deus, é o ser divino, messiânico. Você é Espírito, mas eu não sei o que o Espírito é, de modo que não estou empenhado em qualquer julgamento. Eu estou apenas declarando o que é.

Eu não sei o que o Espírito é; assim, ainda não tenho opinião do que você é. Você também não sabe o que o Espírito é. Você não sabe o que a Alma é; não sabe o que a Consciência é. Assim, na hora em que eu digo: "Você é Alma", estou dizendo que você é o que é e eu não sei o que é, mesmo que a aparência expresse que você é bom ou mau, que está doente ou são, que é alto ou baixo. Eu só sei que você é Alma, Espírito e Vida. Isso não é condenar, criticar, julgar, elogiar ou adular. É apenas estabelecer a verdade. No momento em que qualifico isso e digo que você é bom, mau, rico, pobre, saudável, doente, jovem ou velho, estou no reino do julgamento, dos conceitos e das aparências e assim não farei progressos.

Não tente compreender o que Deus é com a mente, porque não há maneira de se fazer isso. Uma vez que você chegar àquele lugar silencioso, no centro de seu ser, Deus se revelará; mas você nunca poderá transformá-Lo em palavras, mesmo depois de O receber. Assim, é inútil tentar pensar n'Ele com a mente. Não tente pensar no que o homem é, porque você também nunca conseguirá imaginá-lo. O homem é o filho de Deus e você não sabe o que o filho de Deus é. O homem em sua verdadeira identidade é o Cristo e você não sabe o que o Cristo é, porque a filiação espiritual do homem nunca se revela para a identidade do homem.

O Domínio de Seus Conceitos Pessoais

Deus deu autoridade ao homem no primeiro capítulo do Gênese. Ele foi feito à sua imagem e semelhança. Nunca foi dada autoridade a um ser humano, mas o homem feito à imagem e semelhança de Deus é o homem que você é, quando deixa de aceitar as aparências. Você é a imagem e semelhança de Deus apenas quando deixa de ter conceitos, quando deixa de ter opiniões ou crenças sobre este universo, em lugar de ouvir a comunicação espiritual. Então, sua mente fica inteiramente livre de quaisquer opiniões ou julgamentos e você é o filho de Deus. Tudo o que o Pai tem flui através de você.

Deus não Se concede aos seres humanos. Se o fizesse, não haveria um doente ou um pecador, não haveria um acidente, não haveria guerra. A humanidade é algo separada e afastada de Deus

92

ou não estaria em dificuldades. Ao aparecer como homem, Deus não está em dificuldades, não está morrendo, não é pobre nem está em um campo de batalha. Você é esse homem espiritual só quando tiver deixado de pensar em termos de bem e de mal. Ou seja, quando você for o próprio Deus em expressão. Quando não estiver rotulando ninguém e nenhuma condição como o bem e o mal, você é o filho de Deus e tem domínio sobre todas as coisas.

Tudo é conceito. Tudo que existe sobre a terra é um conceito. Porque você realmente é Deus que aparece como ser individual, não tenho nenhum controle sobre você. Se eu estiver acolhendo um conceito humano sobre você, como sendo jovem ou velho, rico ou pobre, doente ou saudável, posso dominar esse conceito de você e, no momento em que eu tiver alcançado o controle do meu conceito sobre você, eu o observo como você é e fico satisfeito com essa semelhança. Você não mudou porque era o filho de Deus o tempo todo. Tudo o que mudou foi meu conceito sobre você e é isso o que constitui a cura.

Espiritualmente, nenhuma pessoa tem domínio sobre qualquer outra. Deus nunca deu a uma pessoa poder sobre outra, mesmo para o bem. Fazer um julgamento justo dá a você domínio sobre seus conceitos. O julgamento justo é a compreensão de que Deus é a realidade do ser individual. Sabendo disso, você não se tornou um indivíduo. Você mudou seu conceito do indivíduo; você se absteve de julgamento. Agora você sabe quem é o indivíduo: Cristo, o filho de Deus. Isso é ter domínio sobre seu conceito.

O conceito de doença é que mesmo os males insignificantes podem se tornar sérios ou fatais. O conceito de vírus é que eles são os portadores de infecção ou contágio. Agora exercite seu domínio e diga: "Espere um momento! Vamos olhar para todos estes pequenos companheiros. Quem os criou? Se vocês, de qualquer modo, foram criados, Deus os criou. Se vocês têm, de qualquer modo, uma vida, é a vida de Deus. Se vocês, de qualquer modo, têm qualquer forma de inteligência, é a inteligência de Deus. Vocês não têm poder, vocês são um efeito, vocês são um conceito. Eu não vou julgar pelas aparências. Eu vou fazer o julgamento justo. E o que é o julgamento justo? Todo poder está em Deus."

Você não fez nada para o vírus. Você exercitou seu controle sobre o *conceito* de vírus. Esse vírus prossegue alegremente, mas não causa dano a ninguém. Todos aqueles que fizeram o trabalho de cura testemunharam a eliminação de infecções e de doenças contagiosas.

93

Alguns ajudaram mesmo a deter o surto de infecção e contágio durante as epidemias e provaram que a idéia de infecção ou contágio é apenas um conceito.

O Poder em Causa, não o Efeito

Não julgue nem condene. "Julgai segundo a reta justiça." [3] Examine a situação: "Bem, aqui está você, efeitos. Isso fixa bem esse ponto. Se você é um efeito, não pode ser uma causa. E se você é um efeito, não pode ter poder."

Seu corpo é um efeito. Sabendo disso, você deixará de acreditar que seu corpo pode ficar doente ou envelhecer. Por iniciativa própria, ele tem que permanecer como é para sempre. Não pode mover-se, não tem inteligência, não tem vontade de ir para a direita, esquerda, para cima ou para baixo. Permanece onde está eternamente até que você o mova.

Se, contudo, você aceitar a crença de que seu corpo está sujeito ao seu controle — seus caprichos ou desejos pessoais — você terá, às vezes, um corpo puro e, outras vezes, um corpo cheio de pecados; às vezes terá saúde, outras vezes estará doente; às vezes será jovem e, outras vezes, velho. Mas se você reconhecer que todo o poder é poder divino em ação na sua consciência, seu corpo apenas estará sujeito a Deus, inteligência divina, e será governado e mantido por Deus.

Lembre-se de seu coração. Ele não pode parar ou funcionar por si mesmo. Há Algo que age sobre ele e o faz funcionar. Esse Algo nós chamamos Deus. No momento em que você acreditar que tem poder para fazer seu coração funcionar ou parar, seu coração oscilará de acordo com seus desejos de qualquer momento dado. Em vez de acreditar nisso, devolva seu coração a Deus e faça a mesma coisa com o resto de seus órgãos e funções de seu corpo. Compreenda que Deus o criou à Sua imagem e semelhança e que seu corpo é o templo do Deus vivo. É governado e controlado por Deus.

Você pode conseguir curas por meio de um médium ou mestre, mas chegará finalmente o dia de você assumir a responsabilidade de manter uma percepção consciente do governo de Deus. O único meio de você fazer isso é ver que tudo que existe, como forma visível,

---

3. João 7:24.

existe do ponto de vista do efeito. Tudo mais é Deus, que é invisível. Qualquer coisa visível — se você puder vê-la, prová-la, ouvi-la, tocá-la ou cheirá-la — existe como efeito e não há poder no efeito. Todo poder está na Causa. Não odeie o efeito, não o tema e não o ame sem razão. Se ele for alguma coisa em seu nível de bondade, deleite-se com ele. Não o ame, mas lembre-se que a parte que você está desfrutando é de Deus.

Nunca se alegre demais com a cura física ou com o indício do suprimento. Alegre-se com a percepção do Espírito que Se manifesta como cura ou suprimento. Conserve sua alegria em Deus e não no efeito. Do contrário, você será como o milionário excêntrico, que possuía três milhões de dólares e ainda tinha medo de gastar quinze centavos no almoço. É isso o que ocorre quando depositamos poder no efeito. A vida está em Deus; o amor está em Deus; a satisfação está em Deus; a paz está em Deus; a felicidade está em Deus; o suprimento está em Deus. É somente quando saímos e tentamos descobrir estas coisas nas pessoas, nos dólares ou nas mansões, que elas perdem seu verdadeiro caminho.

Não Tente Tornar-se Livre de Pessoas ou Condições

A cura está toda baseada em não julgar pelas aparências, não estabelecer falsos conceitos, mas conceber cada caso: "Você é um efeito e não tem poder." Nunca tente livrar-se de alguém ou de alguma coisa. Nenhuma pesssoa, na verdade, tem qualquer forma de poder e esta verdade será sua liberdade. Você não estará livre *de* alguma coisa ou *de* alguém, mas estará livre no momento exato em que souber que nunca houve poder em uma condição, em uma circunstância ou em uma pessoa. Então, você se achará tão livre quanto está livre da água no deserto, uma vez que você saiba que não é água, mas apenas uma miragem.

Quando você estiver livre da miragem no deserto, você não se livrará da água, porque não havia água lá. Assim é quando você descobrir que está livre de uma pessoa ou condição, não é realmente verdade porque nunca houve uma ameaçadora ou perigosa pessoa em condição ali. Agora você está livre da miragem, da crença de que há um poder, uma pessoa ou uma presença fora de Deus. Toda pessoa é a presença de Deus, porque Deus está presente como pessoa, como você e eu na qualidade de indivíduos.

Você não está separado e afastado de Deus e, através deste trabalho, está voltando a Deus. Através deste trabalho, você está despertando do sonho de que pode haver qualquer separação. Se você está sonhando que está se afogando no oceano, o ato de despertar não desvia a água de você e não o resgata do oceano. Revela-lhe que você está na cama. Assim, este trabalho nunca o tira do pecado, nunca o livra da doença ou da necessidade. Ele o desperta e depois você olha em redor e compreende que está nos céus. Você esteve lá o tempo todo, sonhando que estava no inferno.

Quanto mais você estiver vendo uma pessoa ou uma condição, como tendo poder, e estiver julgando o bem e o mal, mais mergulhado estará no sonho. No momento em que puder afastar seu julgamento e perceber: "você não é bom nem mau; você não está morto nem vivo; você não é rico nem pobre: você é Espírito", você estará despertando, saindo do sonho, para a consciência mística da identidade. Quando essa compreensão chega, o sonho já não mais existe. Isso é algo que deve ser feito individualmente e também coletivamente.

Esta verdade que estou lhe fornecendo tem sido revelada em todos os tempos, muitas vezes e de modos diversos, e é uma verdade que tornará os homens livres. Podemos nos libertar dos pecados, das doenças, das guerras, das necessidades e limitações agora mesmo, se pudermos ser moldados para aceitar esta verdade.

Não Tente Mudar o Mal em Bem

As coisas da terra sobre as quais temos domínio são conceitos e nós não temos domínio aqui fora. Não tente fazer chover ou com que o sol brilhe aqui fora; não tente fazer o bem a alguém aqui fora; não tente manter o emprego de alguém aqui fora. Tudo que acontecer deve acontecer dentro de seu próprio ser e esta mudança é realizada pelo fato de você ter domínio sobre seus conceitos. No momento em que você tiver um conceito e, em algum lugar nele, você encontrar algo bom ou mau, você deve agir para chegar a um ponto no qual você se afaste dos seus conceitos de bem e de mal.

Não tente mudar o mal em bem, porque você apenas terá um conceito diferente; e amanhã, na semana ou no mês seguinte, ele voltará sobre o lado mau novamente. Não fique feliz com uma boa aparência, porque algum dia ela o enganará e mudará para uma má aparência. Se você olhar para um objeto e considerá-lo como mau, sua reação natural é querer vê-lo como bom. O que você deve fazer é olhar para ele e não vê-lo como bom, mas vê-lo como Espírito: nem bom nem mau.

Ninguém sabe o que é o Espírito. O que quer que você pense que sabe, não é verdade e, quanto mais cedo você começar a compreender isso, em melhor situação estará. Você não compreende e nunca compreenderá. É Deus que tem compreensão infinita; volte-se para dentro de si e deixe a compreensão divina revelar-se a você. Satisfaça-se com isso e, acima de tudo, aprenda que é simplesmente errôneo rotular uma coisa como boa como rotulá-la como má.

Deixando o que Existe Revelar-se

Seria um assunto muito simples para mim julgar o que você é em termos humanos, quem você é ou como você é. Mas isso seria errado, porque seria meu conceito sobre você e ainda não seria você. Isso tudo começou a se revelar a mim, quando eu estava tomando o café da manhã com um aluno. Nós estávamos discutindo o fato de não se pedir a Deus, porque não há meio de se obter algo de Deus, nem de se conseguir que Deus altere alguma coisa, assim, pedir a Deus alguma coisa é muito fútil. Neste ponto, eu vi uma pequena vasilha de melado e disse: "O que é isso?"

Sua resposta foi: "melado".

"Como você sabe?"

"É uma associação de idéias. Eles servem bolos quentes e por isso sempre têm melado junto."

Pela sua resposta, era claro que ele estava julgando que era melado. Eu disse: "Essa é sua opinião. É seu conceito. Mas vamos supor que nós a abrimos e descobrimos que não era melado, mas alguma outra calda qualquer. Talvez não seja mesmo melado. O que acha disso?"

"Bem, isso pode ser verdade também. Eu estava apenas julgando pelo fato de que isso é o que você esperaria que fosse."

Continuei: "Agora, que tal retirarmos nossa opinião sobre o fato de ser melado ou mesmo se se trata de alguma coisa boa ou má e declararmos que apenas é, não o que é, mas que apenas existe. Algo existe, isso é evidente. Alguma coisa está lá, mas eu não sei se é boa ou má. Eu posso julgar pelas aparências e dizer que é melado e que, portanto, é bom; mas alguém mais podia dizer que é melado e que não gosta dele. Assim, para ele seria ainda melado, mas do lado do mal. Por outro lado, quando você o provasse, poderia não ser absolutamente melado. Assim, poderíamos estar errados em todo resultado. Uma coisa podemos dizer com certeza: existe. Algo está lá."

É exatamente isso o que eu faço com o trabalho de cura. Você se apresenta e apresenta sua condição a mim e, francamente, eu nada sei sobre você ou sobre ela. Tenho certeza de que sei menos sobre anatomia do que quase todos no mundo e certamente sei menos a respeito de todas aquelas coisas que compõem o que o mundo chama seus males. Mas você se apresenta para mim com seu problema e me volto para dentro de mim e tudo o que sei é que EXISTE. "Alguma coisa está aqui. Agora, Pai, Você a define."

Geralmente ocorre um estado de consciência, que é como se se dissesse: " 'Este é o meu Filho amado, em quem me comprazo'[4] Não cuide mal dele." No momento em que tiver a convicção interior de que você é o filho de Deus, que não há nada presente aqui senão a presença de Deus, e que não há poder aqui senão o poder de Deus, a cura se realizará.

A cura espiritual consiste em ser capaz de encarar o mundo sem uma opinião do bem ou do mal, retraindo-se para dentro de nós mesmos e indagando: "Pai, o que é isso?" Então, o Pai pode fazer lembrá-lo: "Este é o meu Filho amado, em quem me comprazo." Ou o Pai dirá: "Esta é a presença de Deus"; "este é o poder de Deus"; ou "isto não é nada separado e afastado de Deus". Nem sempre vem em palavras assim, mas vem na convicção ou percepção da onipresença de Deus e só Deus.

Você encontra as pessoas de quem gosta. Não há troca de palavras; você não diz: "eu gosto de você" ou "você gosta de mim". Você apenas tem consciência da reciprocidade. Raramente alguém exprime tais pensamentos, mas há reciprocidade e compreensão sem quaisquer palavras. Assim é no estado de cura. Deus pode ocasionalmente falar com você em voz audível, mas é raro. A maior parte do tempo, ele vem como uma convicção e você permanece na convicção de que tudo está bem. Isso acontece com sua capacidade de não rotular tanto o bem quanto o mal. Você não pode fazer o julgamento correto porque ele vem de Deus e pode vir apenas na medida em que você estiver ouvindo. No seu silêncio interior, você deve estar ouvindo a Deus e escutará claramente, sentirá, compreenderá ou ficará ciente de Deus e isso é tudo o que é necessário.

Apenas tome cuidado para não prejulgar alguma coisa como mal e depois voltar-se para Deus em busca de ajuda. Deus é onipresente;

---

4. Mateus 3:17.

assim, é inútil ir à presença d'Ele para pedir-lhe que esteja presente. É inútil ir a Deus para pedir-lhe que seja bom para você. É inútil ir a Deus para obter o Seu poder, porque Deus está bem aqui com todo o seu poder. Deus está presente onde você estiver. Deus é o onipresente poder do bem. A graça de Deus é suficiente; não é algo que você possa obter; é algo que existe. Deus governa este universo pela graça, não pela lei, pelo desejo ou pela vontade, mas pela graça. A graça divina está onipresente em sua consciência.

Um princípio básico do Caminho Infinito é encontrado na palavra *existe*. Deus existe, a harmonia existe, a vida existe, o amor, a paz, a alegria, o poder existem. O domínio existe porque Deus existe. Deus é infinito, onipresente, onipotente e onisciente. Não se dirija a Deus para nada. Fique calmo e deixe Deus revelar-Se dentro de você, porque Deus já está esperando impacientemente para revelar-Se. É inútil buscar a Deus. Tudo que você tem a fazer é recebê-Lo. Você não trabalha para Ele, você não O merece, você não dá o suor de seu rosto para Ele. Deus já existe. Deus já é realização. Deus já é perfeição. Por que você desejaria algo mais?

8

Alcançando o Domínio Pelo Eu

O segredo da existência harmoniosa está no alcançar um estado de consciência dessa Graça dentro de cada pessoa que espera o reconhecimento. Se a gente a reconhece e a demonstra ou não nesta vida, na próxima ou na seguinte, é um assunto individual, que depende do crescimento espiritual da gente ou da sua falta.

Alguns podem ficar aborrecidos com a repetição a respeito do início. Em lugar de dizer: "Oh, eu sei isso, eu faço aquilo", esqueça sua experiência passada. Comece como se fosse algo completamente novo e o faça com sinceridade, não com desatenção, como se você já soubesse o que estava por vir. Faça-o com completa atenção, porque este é o único meio de divulgar os princípios do Caminho Infinito para você.

Olhe para seus pés com muita atenção e se pergunte: "Eu estou lá embaixo naqueles pés? Aqueles pés fazem parte de mim ou são meus?" Faça isso muito vagarosamente, porque do contrário você não terá a sensação. Você está lá embaixo naqueles pés? Você acredita que mora lá ou aqueles pés são seus, seus para comandar, seus para ordenar, seus para dirigir?

Agora suba até seus joelhos, olhe para seu corpo desde os joelhos até as unhas dos artelhos, fazendo a mesma pergunta: "Eu devo ser encontrado lá embaixo? Este sou eu ou isto é meu?" Suba até a cintura. Você está lá, ou tudo isso é seu? Você não pode movê-lo de acordo com sua vontade? A partir daí, suba até o pescoço, mas seja um pouquinho mais completo e examine aquela área do corpo entre o pescoço e a cintura, a parte da frente e a de trás, o interior e o exterior. Olhe para dentro e se pergunte: "Este sou eu? Este é o que eu vejo no espelho, mas este sou eu ou isto é meu? Este corpo não foi dado a mim para muitos usos?"

A partir do pescoço, continue direto para cima até a ponta do cabelo e esteja certo de olhar em torno de sua cabeça e notar seu cérebro e suas orelhas. Olhe para baixo através de sua garganta e veja se você pode se encontrar em qualquer lugar de seu corpo. Olhe atrás de seus olhos, porque, às vezes, nós pensamos que estamos atrás deles, olhando para fora, e veja se você pode encontrar-se lá. Finalmente, se você fizer isso sinceramente, deve concluir que não está em lugar nenhum dentro de seu corpo.

Se, durante esse exercício, você não ficar completamente convencido, se não estiver completamente claro para você que não há lugar dentro de seu corpo onde você esteja, faça isso novamente e, se necessário, uma terceira ou quarta vez, até que você já não precise de minhas palavras para isso, mas possa testemunhar o fato de que você se buscou completamente e sabe que não está dentro daquela moldura. Você não fará progresso espiritual até alcançar essa percepção, porque até que isso fique claro para você, você nunca saberá quem você é, o que é, onde está, por que está ou como você age.

O Corpo, um Instrumento de Consciência

Depois de ter realizado essa prática, eu gostaria que você entrasse cerca de seis polegadas atrás de você mesmo e seis polegadas acima de sua cabeça e se examinasse. O modo para se fazer isso é fechar os olhos, elevar-se e dizer: "Eu, eu." Levante-se, examine através do topo de sua cabeça e perceba: "Eu."

Eu não estou nesse corpo. Portanto, eu devo estar do lado de fora dele. Se eu estiver do lado de fora dele, posso localizar-me. Posso estar aqui, ali ou em qualquer lugar. Mas eu escolho agora estar bem atrás de meu corpo e acima dele. Assim, eu posso desprezar este corpo, eu, atrás e acima dele, desprezando-o. Eu, que não estou no corpo, me localizei agora e quando olhar para este corpo, eu me perguntarei: Como este corpo pode agir sem mim? Como este corpo pode mover-se para frente e para trás? Como podem os braços se levantar e abaixar? Este corpo fará isso por si só?

Este corpo pode por si mesmo digerir ou sou eu a ação dos órgãos da digestão, da mesma forma como eu sou a ação de minhas mãos e pés, de meus braços e pernas? Eu sei que sou a ação de minhas mãos e pés. Eu sei que minhas mãos não podem oferecer ou aceitar uma dádiva. Sou eu quem aceita e sou eu quem dá, fazendo uso de minhas mãos como um instrumento. Meus pés podem andar, minhas pernas ou meu corpo inteiro? Eu sei que, se eu me levantar de minha cadeira, é porque eu, eu que sou EU, decido levantar-me da cadeira, e meu corpo deve obedecer. Ele não tem escolha e não pode recusar. Quando eu estou pronto para levantar, o corpo deve se levantar e quando eu estou pronto para andar, o corpo deve andar, porque me foi dado o domínio sobre este corpo.

Tome diversos períodos para ajustar-se a esta atitude de se desprezar e testemunhar o abandono de seus braços e pernas, de suas mãos e pés, exceto quando você os dirige e os move. Se você colocar seu corpo diante da mais farta refeição, ele não a comerá, a menos que você decida dotar o corpo com impulsos de obter o alimento e bebida. Lembre-se de que é você que está fazendo tudo isso e o está fazendo para você mesmo, porque lhe foi dado por Deus o domínio sobre sua vida e sobre seu corpo. Você pode escolher se semeará para a carne ou para o espírito. A escolha é sua.

A Consciência Desenvolvida

Embora você chame a si mesmo de "eu", isto não o identifica completamente, porque você pode não conhecer a natureza do *eu* que você é. A fim de obter alguma idéia do que você é, imagine por um momento que você nunca aprendeu a ler. Tente lembrar-se do que sua vida seria sem a capacidade de ler. Você não saberia nada do que está nos jornais e nos livros de viagens; não saberia nada de qualquer parte do mundo, exceto onde você está ou o que você pode ver na televisão ou ouvir no rádio. Você não poderia ler a Bíblia ou livros de filosofia; assim, você nada saberia sobre as filosofias do ou sobre as religiões do mundo. Com esta limitação, sua mente seria um tanto limitada. Seu panorama da vida seria excessivamente estreito. Lembre-se de todas as coisas que você não conheceria, tudo que você não saberia que não soube. Quanto a você, sua pequena vizinhança seria tudo que há.

Você pode ver árvores e flores, de modo que as conhece. Mas, porque você compreende que pelo menos reconhece árvores, relva, flores e alimentos e que reconhece florestas, ruas e cidades, você agora compreende que o "eu" com o qual você se identificou deve ser um estado de consciência, pois, pelo menos, esse eu está ciente. Ele pode não estar ciente de muita coisa, mas esse eu está ciente. Assim, esse eu que você é realmente é um estado de consciência. Uma palavra melhor seria consciência. Eu sou consciente, nesse estado humano, uma partícula muito insignificante de consciência, mas consciência apesar de tudo.

Prosseguindo com este exemplo, alguém diz a você o que quer dizer ser capaz de ler. Desse modo, você decide aprender a ler. Você se torna ciente de palavras como "bonito", "magnífico", "inspirador" e "grandeza", à medida que continua aprendendo a ler. Você lê no jornal o que está acontecendo na cidade ou no estado vizinho. Finalmente, você aprende o que está ocorrendo no exterior. Eis a expansão de sua consciência. Não, não é isso absolutamente. Sua consciência é infinita; assim, mesmo neste estado de ignorância ou inconsciência, você pode agora começar a ler e se tornar ciente de um horizonte mais amplo.

Sua consciência é infinita e você está absorvendo cada vez mais da grande existência, do grande universo. Algum dia esse estado de consciência se expandirá. Assim, mesmo que você possa ver somente o horizonte, você saberá que o horizonte não está lá, apesar das limitações da visão.

A Percepção da Natureza Infinita do Ser Individual

De agora em diante, tantas coisas acontecem a você, que você não pode ficar em paz com elas. E você está se tornando ciente cada vez mais da natureza infinita de seu ser. Logo você aprende que tem controle sobre seu corpo inteiro. E, finalmente, cada vez mais, a natureza de seu domínio sobre tudo entre o céu e a terra se torna aparente para você.

Mas você não estará crescendo. Você nunca será mais ou menos do que o eu que você é. Você é consciência e é infinito, mas es á emergindo agora do estado pródigo e se tornando cada vez mais ciente da natureza infinita de seu próprio ser e domínio, porque esse eu que você se declara que é, é realmente consciência e a natureza de sua consciência é infinita. Algum dia você saberá por quê.

"Eu e o Pai somos um." [1] Portanto, tudo que Deus é eu sou. Tudo que o Pai tem é meu, tudo dentro da minha consciência. Assim, dia a dia, eu estou me tornando mais ciente daquilo que já está dentro de minha consciência e que sempre esteve lá esperando pelo meu reconhecimento. No Monte da Transfiguração, o Mestre mostrou a três de seus discípulos que os antigos profetas hebreus, que haviam morrido séculos antes, ainda estavam vivos, que eles estavam bem ali onde ele estava. A verdade é que eles estão aqui onde nós estamos. E onde estamos? Na consciência. Onde você está? Em minha consciência. Onde eu estou? Em sua consciência.

O único lugar em que você pode conservar a mensagem do Caminho Infinito é na sua consciência. Esta mensagem está na sua consciência há milhares de anos, "antes que Abraão existisse".[2] Mas você agora está apenas se tornando ciente disso, assim como nosso não leitor se torna ciente da leitura e, através dela, toma conhecimento do mundo da arte, da literatura, da música, da filosofia e da religião. Se ele não fosse consciência infinita, como poderia ter-se tornado ciente do universo infinito e da infinidade de estrelas e planetas? Esta consciência, a consciência que ele é, é tão infinita que, se ele decidisse aprender todas as línguas do mundo, ele poderia. Se ele decidisse abraçar a todas as religiões e todas as filosofias, ele poderia. Não há nada que ele decidisse fazer que não pudesse realizar, porque não há limitações para a consciência que ele é, para o EU SOU.

Agora volte para lá, seis polegadas atrás de seu corpo e seis polegadas acima de sua cabeça e olhe para o seu corpo novamente. Perceba que você não está neste corpo: este corpo está dentro de sua consciência. Do mesmo modo que a Bíblia ou os livros do Caminho Infinito estão dentro de sua consciência, assim este corpo também está. Com essa compreensão, tente ver o motivo pelo qual

---

1. João 10:30.
2. João 8:58.

o Mestre podia dizer ao paralítico: "Toma a tua cama".[3] Eu não sei se ele disse "cama" ou "corpo". Creio que seja mais provável que ele disse "corpo". Talvez ele dissesse: "Toma teu corpo e anda. Você não está nesse corpo e ele não o está submetendo à servidão. O corpo está dentro de você, mas você não conhece seu domínio".

Com todo o seu estudo, prática e meditação, você chegaria ao ponto de reconhecer: "Eu não estou neste corpo. Ele não tem domínio sobre mim. Eu tenho domínio sobre este corpo." Não pode haver limitação se você reconhecer que, como *eu,* como esta Consciência Infinita, você tem domínio.

Elevando o Poder Acima dos Órgãos e Funções para o Eu

Disseram-lhe que, quando você come, os órgãos digestivos trabalham e começam a digerir, assimilar, transformar e eliminar. Observe dentro de seus órgãos digestivos e prove a si mesmo que não é verdade. Seus órgãos digestivos não podem realizar uma ação até que o *eu,* dentro de você, comece a digerir. *Eu* digiro meu alimento, *eu* o assimilo — não os órgãos digestivos, mas *eu.*

Você não vai a um médico e diz: "Meu aparelho digestivo não funciona." Você diz: "Eu não estou fazendo a digestão de meus alimentos." Essa é a verdade sobre esse assunto. Você não está propriamente fazendo a digestão, porque você transfere o domínio da digestão para seus órgãos digestivos em lugar de aprender a sentar-se atrás de si mesmo, considerar e dizer: "Foi-me dado domínio sobre meu corpo. Este corpo não tem domínio sobre mim."

Disseram-nos que o coração é um órgão bombeador para todo o sistema circulatório. Ele traz e leva o sangue. Mas agora examine de onde você está e veja se isso é verdade. Veja se não é o *eu* e veja se o coração poderia funcionar sem o *eu.* Um cadáver não pode fazer isso, porque o *eu* foi embora. O coração não pode fazer isso por si só, nele deve haver consciência. Deus deu ao homem domínio sobre o coração, o fígado e os pulmões.

Pelo fato de nada poder acontecer senão através de uma atividade de sua consciência, retire conscientemente qualquer poder que você tem por ignorância dado até agora a seu corpo e eleve-o para

---

3. Mateus 9:6.

o *eu* que você é. Deixe-se ser governado por esse "EU SOU O QUE SOU".[4]

Deixe seu corpo ser governado por esse *eu* e pare de admitir que você é fraco: o *eu* nunca é fraco. Se o corpo é, é porque você desistiu do domínio sobre ele.

"E eu, quando for levantado da terra, todos atrairei a mim."[5] Quando eu levantar o *eu* de mim, eu posso levantar todo órgão e função do corpo para esse *eu*. A consciência tem formas e atividades infinitas e eu devo fazer uso consciente de algumas dessas. Por exemplo, devo conscientemente decidir andar, correr, levantar, sentar, comer ou não comer. Mas há uma outra atividade da consciência para a qual as funções do corpo foram dadas; assim, você não tem que dizer a seus órgãos digestivos: "Digiram." Você não precisa dizer aos órgãos excretores: "Eliminem." Nem precisa dizer ao coração: "Funcione." Tudo que você deve fazer é saber que estas atividades do corpo realmente não são atividades do corpo. Elas são atividades da consciência; portanto, deixe-as realizar seu trabalho.

Nós todos somos escravos porque permitimos que os órgãos e as funções do corpo aceitem a crença médica de que eles podem fazer o que querem e controlar-nos, em lugar de compreendermos que os órgãos e as funções do corpo são realmente animados e motivados pela consciência. Portanto, eu posso restituir ao *eu* minha consciência individual, a atividade de meu corpo e daquelas funções de meu corpo que não são conscientemente controladas.

Em lugar de perguntar: "Como o coração está batendo? Como estão os órgãos digestivos funcionando? Como está funcionando o fígado?", eleve toda a atividade dos órgãos do corpo para a consciência e restaure o domínio para a consciência. Então, diga: "Agora, consciência, ação." Sempre que for necessário e enquanto o corpo não estiver respondendo completamente, repita isso. Eleve as atividades dos órgãos para a consciência e diga: "Agora, consciência, assuma." Não demorará que você descubra que seu corpo destina-se a funcionar através de sua consciência. À sua consciência foi dado o domínio sobre estes órgão internos, funções e músculos, mas nós deixamos de exercitar esse domínio, principalmente porque nós pensamos que estivéssemos no corpo e que não tivéssemos domínio sobre ele.

---

4. Êxodo 3:14.
5. João 12:32.

A Consciência

Quando estou fazendo uma exposição, o corpo é usado apenas como uma ilustração ou símbolo de uma coisa maior. Se você compreender bem isso, o resto se tornará claro para você. Aqui estou, sou consciência e a consciência é infinita. Há uma área da consciência com domínio sobre qualquer aspecto de minha vida. Meu suprimento não está à mercê do "homem cujo fôlego está no seu nariz".[6] Deus quis que eu tenha suprimentos infinitos, tudo que eu necessite e doze cestos cheios para o futuro. Mas Ele não me deixou à disposição do capricho ou desejo de ninguém, generosidade ou falta dela. Ele preparou uma atividade de minha consciência para me abastecer de suprimentos ou para se revelar como meu suprimento. Assim como há uma área de minha consciência que governa os órgãos e as funções de meu corpo, também há uma área de minha consciência que governa meu suprimento. Portanto, eu posso reconhecer: "eu escondo o maná. Eu tenho alimento que o mundo não sabe", porque há uma atividade de minha consciência que tem domínio sobre meus suprimentos.

Há uma atividade ou função de sua consciência que é destinada a levá-lo para seu próprio ser. Há palavras no poema *Waiting* de John Burroughs que poderiam confundir os próprios eleitos, se eles não fossem espiritualmente sábios: "Meu ser virá a mim." Se você pensar nisso, provavelmente dirá para si mesmo: "O sr. Burroughs deve estar enganado. Sei de milhões de pessoas no mundo, cujo ser não está se aproximando delas, talvez dois ou três milhões. Entretanto, seu poema parece tão lindo." É lindo e é verdadeiro, se você souber o que John Burroughs sabia, que há uma área de sua consciência, um maná oculto dentro de você, que está à sua frente e conduz seu ser a você: suas companhias, assuntos de sua própria casa, de sua família espiritual, coisas com as quais você pode comungar em vários níveis da existência humana e espiritual. Sua consciência é infinita. Tem faculdades infinitas, atividades infinitas, funções infinitas. Uma delas é levar até você aqueles que você pode abençoar e que, por sua vez, podem abençoá-lo.

Se olhar para si mesmo no espelho e acreditar que você está vendo seu próprio *Eu*, você vai ser como a pessoa que não sabe ler. Todo você estará ciente de sua limitação. Em vez disso, diga:

---

6. Isaías 2:22.

"Eu", e se levante além de si mesmo. Olhe para baixo e diga: "Mãos, vocês não podem se mover, se eu não movê-las. Pés, vocês não podem se mover, se eu não movê-los. Dentes, vocês não podem mastigar, se eu não mastigar". Você tem que se tornar ciente do *eu*. Levante o *eu* de seu próprio ser: "Eu, que eu me levante." Levante esse *eu* em você.

Levante o filho de Deus em você com a palavra *eu*. Levante-se e deixe seus ombros baixarem à medida que você olhar para baixo e compreender.

Eu e o Pai somos um e o Pai deu-me o domínio sobre este corpo e sobre meus negócios. Eu não preciso hipnotizar ninguém para que compre o meu produto. Eu não preciso pensar sobre como arranjar um emprego. Eu preciso saber a verdade! Há uma atividade de minha consciência que está indo à minha frente agora, cuidando de meu emprego ou de alguma coisa mais que possa ser necessário para minhas atividades.

O único meio que você tem para concordar com isso é acreditar que há um Princípio Infinito, divino e criativo, que é ao mesmo tempo Inteligência infinita. Todas as coisas e todo mundo criado por esse Princípio o foram com um propósito específico. Se você não acredita nisso, você não pode ser ajudado. Se você acredita nisso, você não pode ficar desempregado, porque Deus não pode ter uma ação, idéia, pensamento ou projeção desperdiçadas.

Se houver uma idéia divina, veio de Deus e Deus cuidará para que se realize. Portanto, você nunca deve tentar dominar ninguém. Nunca deixe seu pensamento se estender para fora de si mesmo, como se fosse para governar, controlar ou influenciar, ainda mais agora que você compreende que não pode influenciar a Deus. Sua vida é vivida dentro das fronteiras infinitas de sua própria consciência e seu meio de vida é conhecer a verdade.

Quando eu me sento aqui sabendo dessa verdade — e realmente eu não estou sentado em uma cadeira, estou de pé ali onde eu disse para você ficar — eu não estou dizendo para meu coração, meu fígado, meus pulmões ou para meu sangue o que fazer. Estou sabendo a verdade de que a atividade ou o funcionamento de cada órgão de meu corpo está na consciência, a consciência que governa cada parte dele. Porque *eu,* a Consciência, sou infinito, há uma área ou atividade de minha consciência responsável pelo sucesso de minhas atividades comerciais, por seus frutos espirituais, por sua receita e despesa.

Todo você sabe as limitações e as dificuldades da vida familiar, ainda mais quando todo mundo não está unido pelo pensamento espiritual. Mas há uma área de sua consciência que governa sua vida familiar. Você tem apenas que se lembrar da regra dada pelo Mestre: "Portanto, tudo o que vós quereis que os homens vos façam, fazei-lho também vós." [7] Tudo o que você pode fazer para realizar relacionamentos harmoniosos é amar seus amigos, seus parentes e seus inimigos.

Há uma área da consciência, uma atividade e uma função de sua consciência que vai à sua frente e que facilita seu relacionamento com a família. Há uma área, uma atividade e uma função de sua consciência, uma Presença divina espiritual que vai à sua frente para endireitar "o que está torcido" [8], para preparar as "moradas" [9] para você e para ser o cimento de seu relacionamento humano.

Se você deve dirigir na estrada, há uma atividade de sua consciência que vai à sua frente para manter todo mundo em sua pista certa, para providenciar que todo mundo esteja funcionando de acordo com a lei e mandamento divino. Você não tem que pensar nisso. Você apenas deve saber a verdade de que o controle dos automóveis na rodovia não está a cargo do departamento de polícia, que freqüentemente não está lá: está a cargo da Consciência infinita, que você é.

Em cada aspecto de sua vida, em cada ângulo de sua experiência humana, você tem um segredo e a verdadeira palavra sagrada dentro de você: "Eu tenho alimento que o mundo não sabe. Eu ocultei o maná". Tudo que você faz é descansar novamente e *deixar* que isso vá à sua frente. A única coisa necessária para mantê-lo em atividade é viver uma vida de integridade.

9

O Místico e a Cura

Muitas pessoas querem saber se o fato de se alcançar a percepção de Deus torna alguém um instrumento da cura. Não há resposta categórica para essa pergunta. O alcance da percepção pode

---

7. Mateus 7:12.
8. Isaías 40:4.
9. João 14:2.

gerar uma consciência regeneradora, mas isso não ocorre necessariamente. Se a percepção alcançada é bastante profunda, pode ser uma experiência mística, que significa união consciente ou reconciliação consciente com Deus. Mas isso, certamente, nem sempre habilita uma pessoa a realizar o trabalho de cura.

A consciência regeneradora é a consciência que tem o discernimento espiritual de enxergar, através "deste mundo", a "Meu reino" além. Este discernimento ou habilidade de perceber a Realidade não está reservado àqueles que tiveram iluminação mística. É possível para quase todo mundo, que está desejoso de se tornar aluno da verdade espiritual, atingir uma medida de discernimento espiritual. Há aqueles que o alcançam em um dia. Há os que o alcançam em poucas semanas ou alguns meses e há outros que trabalham durante anos para alcançá-lo. Um fator decisivo na extensão do tempo leva a desenvolver esse estado de consciência: o desejo de realizar isso.

O discernimento espiritual não é para ser obtido nas horas vagas. Ele exige uma devoção maior do que seria necessário ao esforço de se aprender uma nova linguagem ou tocar um instrumento musical. Deve haver o desejo do coração. Dado isso e a disposição de estudar e praticar, levará apenas pouco tempo até que uma pessoa possa alcançar alguma medida de consciência espiritual e mostrá-la em trabalho real.

A Carência da Cura Espiritual

Surpreenderia todo mundo que mais líderes religiosos não estão fazendo o trabalho de cura espiritual, pois não pode haver dúvida de que, na sua grande maioria, são honestos e amantes sinceros de Deus, os que buscam a Deus, que passam a vida próximos de Deus, pelo menos tão pertos de Deus quanto a compreensão deles permita, o que, na maior parte dos casos, tem grande extensão. Se Deus, como geralmente é compreendido, fosse um curador de doenças, por que nestas centenas de anos desde que a Bíblia existe, esses dedicados líderes religiosos não obtiveram o monopólio da cura espiritual? A vida deles é junto a Deus e dedicada ao serviço de Deus e do homem. Eles são severos, honestos e sinceros. Eles não estão realizando mais trabalho de cura espiritual, porque, a despeito do reconhecimento da onipotência de Deus, o poder ainda está sendo

109

atribuído ao pecado, à enfermidade, à morte, à necessidade e à limitação. Eles crêem que a doença é permanente e real e aceitam a premissa de que podem suplicar a Deus para afastá-la.

Se Deus pudesse afastar a doença, ninguém teria que orar para pedir a cura. A cura não se baseia na premissa de que há uma doença, um Deus que pode curá-la e um determinado homem ou mulher ou mesmo grupo de homens ou mulheres que devem obter a boa vontade divina. No reino de Deus, não há enfermidade. Deus sustenta e conserva Seu reino intacto, harmonioso, saudável, completo, perfeito, espiritual e integral.

Jesus Cristo e outros como Ele foram instrumentos de Deus ao revelarem para o mundo que a doença, o pecado e a morte não fazem parte do reino de Deus, não são reais e não podem permanecer em virtude dessa compreensão. Quando você tocar nas bordas do manto espiritual, você compreenderá que em todo o reino de Deus não há um pecador ou uma pessoa enferma.

A cura tem a ver com seu estado individual de consciência, um estado de consciência que apreende a idéia de Deus como Espírito infinito e, portanto, de um universo, incluindo o homem, infinita e eternamente espiritual. O que aparece para este mundo como pecado, doença, necessidade e limitação não compartilha da natureza do real e não tem lei, causa, efeito, substância ou realidade. Então, com seus pensamentos concentrados em Deus e na Realidade, ouvindo e estando sempre alerta aos Impulsos divinos, que lhe asseguram que Deus está no campo de luta, as curas se realizarão.

Houve muitos místicos na história do mundo e, ainda que alguns deles alcançassem a percepção da verdade de que o que denominamos existência material, representa apenas a ilusão dos cinco sentidos, a crença no bem e no mal foi profundamente enraizada na maior parte deles. Quando foi revelado a Gautama, o Buda, que "este mundo" é *maya,* ou ilusão, sua iluminação espiritual foi tão grande, que ele imediatamente soube que há uma criação espiritual divina aqui e agora, mas que o conceito universal dela é ilusório. Com esta compreensão, ele realizou um grande trabalho de cura.

Finalmente, a revelação de Buda foi corrompida e a palavra *maya* passou a significar o oposto de Deus. Seus últimos prosélitos foram deixados mais uma vez com dois poderes: o poder da Realidade para vencer o poder da ilusão. Mas a ilusão não pode ser vencida. Quando você compreender que uma coisa é ilusão, você termina com ela. Ela não tem mais existência. Ela tinha existência apenas enquanto você pensava que ela existia, mas, quando você a viu como ilusão, foi o fim dela.

Hoje o termo "espírito mortal" ou "espírito carnal" é usado para significar a inutilidade deste mundo de aparências. Mas outra vez veio a ser estabelecido como um poder oposto a Deus e a luta continuou. Você não pode realizar o trabalho de cura, se você acreditar que há entidades com as quais Deus tem que se bater, lutar ou dominar. Isso é estabelecido como um poder separado de Deus. É necessário receber de volta a revelação original dos grandes místicos de que há apenas um poder e que tudo englobado pelo termo ilusão é uma inutilidade. Quando você perceber isso, você terá uma consciência regeneradora.

A crença no bem e no mal é o que mantém a humanidade. Contudo, na medida em que você perde sua crença no bem e no mal, você já não é humano: você é espiritual. Isso acontece quando você tem uma consciência saudável. Então, você não está sujeito aos erros humanos ou às limitações da vida, como você esteve, quando estava preocupado tanto com o bem quanto com o mal. Em certa medida, você se tornou imune aos clamores do mundo, mas não cem por cento. Quando você alcança esses cem por cento, você já não pode se misturar com os outros e a vida se torna um fardo pesado demais para carregar. É então que os místicos, que alcançaram a percepção verdadeira e completa de que não há bem nem mal, retiram-se do mundo. Eles já não querem ser uma parte dele.

Limitação, o Fruto dos Pares de Opostos

Não há necessidade no reino de Deus. A única necessidade está no reino do homem, e isso porque ele tem abundância *e* carência: ele tem o bem *e* o mal, o em cima *e* o embaixo, o dentro *e* o fora, o preto *e* o branco. É por isso que ele tem a sensação de limitação. No momento em que um indivíduo começa a perceber que há somente Deus e que a grandeza de Deus impede qualquer mal, ele não tem mais problemas de necessidade.

A partir do momento em que uma pessoa compreende, mesmo em certa medida: "Obrigado, Pai, eu sou único com Você e tudo que Você possui é meu. Eu não dependo *do homem cujo fôlego está no seu nariz.*[1] Eu não preciso ganhar a vida com o suor de meu

---

1. Isaías 2:22.

rosto", ela começa a ser assimilada por uma Presença invisível. O suprimento começa com os meios mais naturais e normais, sem arrebatar o pensamento, sem lutar, sem discutir, sem pedir.

Você pode ter uma experiência mística e pode estar muito doente e pobre, mas se isso ocorrer é apenas porque você ainda está aceitando a idéia de Deus como um poder sobre o mal. Ao fazer isso, você está se mantendo no sonho. Se você se descontrair e deixar tudo correr, parar de pensar e apenas desfrutar dessa comunhão interior com Deus, concordando com o fato de que não há poder separado de Deus, você será assimilado por esse Ser interior chamado Cristo, o Espírito de Deus no homem, ou o Espírito Santo. E você compreenderá o motivo pelo qual Paulo pôde dizer: "Vivo, não mais eu, mas Cristo vive em mim." [2] ..."Posso todas as coisas naquele que me fortalece." [3]

Ninguém jamais precisou temer prosseguir, enquanto está se devotando a uma atividade espiritual, porque a única coisa para a qual se pode prosseguir é glória cada vez maior. Isso que o leva através desta sensação leva-o para o próximo plano, para o seguinte e para todos aqueles que virão até que não haja mais renascimentos.

A Auto-suficiência do Poder do Amor

O que é chamado poder de Deus não é realmente poder. Por exemplo, eu não preciso de qualquer poder neste momento. Estou sentado aqui em uma atmosfera de amor; logo, por que preciso de poder? Estou sentado aqui em uma atmosfera de vida; logo, para que precisaria eu de poder? Estou sentado aqui em uma atmosfera de alegria. Não preciso de poder para nada. Estou contente e completo. Mas há um Poder aqui. Há um Poder que criou esta atmosfera que nos criou à Sua imagem e que nos mantém e nos sustenta. Mas eu não preciso de poder. Deus está aqui. Ele é poder. Deus é o poder da atmosfera que me circunda e manterá essa atmosfera até a eternidade, se eu ficar junto dele.

Poucos místicos souberam alguma coisa sobre o trabalho da cura ou jamais realizaram alguma. Como é sabido até agora, afora a realização do *eu,* eles não conheciam a natureza de Deus. Exceto para o Mestre, a maior parte dos místicos considera Deus como um

---

2. Gálatas 2:20.
3. Filipenses 4:13.

grande Poder, combatendo com outros poderes ou os vencendo. Ninguém pode curar espiritualmente até que ele ou ela cheguem à compreensão não só de que o *eu* é Deus, mas que, além desse *eu,* não há outros poderes. Os poucos místicos que tiveram uma compreensão total da natureza real e infinita de Deus podiam curar. Podiam dizer a qualquer Pilatos que encontrassem: "Nenhum poder terias contra mim, se de cima te não fosse dado".[4] A razão é que, na consciência do místico com poderes de cura, há não só a compreensão de que o *eu* é Deus, mas também que além desse *eu* não há outros poderes — físico, mental, moral ou financeiro. Nenhum outro poder pode agir nele, sobre ele ou através dele.

Isaías deve ter tido a dádiva da cura, porque ele disse: "O Espírito do Senhor Jeová está sobre mim; porque o Senhor me ungiu, para pregar boas novas aos mansos: enviou-me a restaurar os contritos de coração, a proclamar liberdade aos cativos".[5] Ele sabia que não houve outros deuses antes de *Mim.* O *eu* de seu ser foi a infinidade de ser e não houve outros poderes.

Um místico desse talento não dirá: "Oh, o poder de Deus age através de mim para curá-lo" ou "Deus o curará". Ele sabe que Deus nunca curou ninguém ou coisa alguma. O que você pensaria de um Deus que curasse algumas pessoas e não todas? Os pecadores geralmente têm os melhores recordes de cura, enquanto pareceria que Deus não curou um sem-número de homens bons e mulheres na terra.

É uma percepção da pessoa que a doença não é um poder responsável pela cura. É por isso que Jesus não disse: "Deus o curará". Ele disse: "E conhecereis a verdade, e a verdade vos libertará".[6] Ele não disse: "Deus o perdoará". Ele disse: "Nem eu também te condeno: vai-te e não peques mais".[7]

Os místicos mais modernos como Whitman e Tennyson não foram doutores na cura, porque eles não tiveram a visão de Deus como o Único e o Infinito. Eles consideravam Deus e o erro também, eles levavam em conta Deus e alguma coisa, a partir da qual Deus podia proteger ou salvar as pessoas. Eles tinham em conta Deus e alguma coisa, da qual Deus podia curá-los, mas isso não é a percepção mística completa de Jesus Cristo.

---

4. João 19:11.
5. Isaías 61:1.
6. João 8:32.
7. João 8:11.

A Verdade do EU SOU

Jesus Cristo sabia: "Eu sou o pão da vida".[8] Ele também sabia que *eu* sou seu pão. *Eu* sou suas provisões. Ele podia alimentar multidões, porque não fazia distinção entre seus recursos e os deles. Ele não fazia distinção entre sua saúde e a deles. Ele só reconhecia uma pessoa e essa era *eu*. Moisés compreendeu: "Eu sou o que sou",[9] e pôde curar. Jesus compreendeu *eu sou* e pôde curar. Isaías O viu e pôde curar. Quando você tiver a consciência do *eu sou,* você pode curar. Esse é o mistério e o milagre do ensinamento do *Caminho Infinito.* Ele não se baseia em Deus como um grande Poder, mas na verdade universal de que "Eu e o Pai somos um".[10]

Quando você me pede socorro, você notará que eu escrevo ou digo a você: "*Eu* estou imediatamente com você". Quando eu digo que *eu* estarei com você, não estou dizendo que Joel vai estar com você. Que bom seria isso para você, se ele estivesse com você? Estou dizendo que *eu* estarei com você. Tudo que você tem a fazer é dizer: "Eu". Diga isso a você mesmo agora. Não é verdade que *eu* estou com você? Você acabou de declarar isso.

Esse *eu* que você acabou de expressar é Deus. Não é uma pessoa, não é um homem nem uma mulher. Não é ninguém com o nome de Jones, Brown ou Smith. Esse *eu* é Deus e esse *eu* nunca o deixará, nunca o abandonará. Esse *eu* é um *eu* universal. Ele é o mesmo *eu,* se você o exprimir ou se Joel o exprimir. Há apenas um único *eu* em todo este mundo, um Ego. Quando eu digo *"eu* estou imediatamente com você", tudo que você tem a fazer, para descobrir se eu estou dizendo a verdade, é dizer: "*Eu*". Diga: "*eu* sou". Que oportunidade teria Ele de ficar mais perto de você do que essa? Esse é Deus. Esse não é um ser humano conversando. Esse é Deus. Essa é a vida de seu ser.

Não faz diferença, de acordo com o Salmista, se você "andasse pelo vale da sombra da morte".[11] *Eu* estou lá. Não faz diferença se eu ascendo aos céus ou desço aos infernos. *Eu* estou lá. Não há lugar que você possa ir onde *eu* não esteja. Tudo que você tem a fazer é dizer: "*eu*" ou "*eu* sou". E você encontrará *Eu Sou* bem aí com você.

---

8. João 6:35.
9. Êxodo 3:14.
10. João 10:30.
11. Salmos 23:4.

Se você conhecesse as palavras *Eu Sou,* você poderia viajar para qualquer parte do mundo e sempre viveria em paz, harmonia e prosperidade. Mantenha o *Eu Sou* trancado dentro de você. Comece sua jornada e você o alcançará, quer ela consista no trajeto de sua casa ao escritório, dentro de cidades vizinhas ou pelo mundo todo.

Eu sou aquele lugar onde Deus se torna manifesto como um eu individual. Eu, o filho de Deus, estou bem aqui onde estou, co-herdeiro de todas as riquezas celestes.

Tudo que eu tenho a fazer é manter esse estado de consciência de minha verdadeira identidade e então deixar de acreditar que ela me dá poder sobre o erro. Eis o ponto em que somos privados da cura, acreditando que temos poder divino sobre o erro. O erro não é um poder. *Eu sou* é o único poder.

Obrigado, Pai, Eu sou. Não há poder do pecado, da doença, da carência ou da limitação. Não há leis da doença, do pecado, da carência. Não há leis da abundância ou da limitação. Todas essas supostas leis da necessidade e limitação são criações feitas pelo homem.

Há graus da compreensão divina. Não há medidas de Deus. É por isso que em nossos primeiros dias no trabalho de cura nós podemos ser capazes de curar os males menores que vêm até nós, mas não temos sucesso com os maiores. Nós ainda não tivemos uma percepção bastante profunda de que esse erro não é algo a ser combatido, vencido, levantado ou destruído. O erro é algo para ser reconhecido como inexistência. Ele não é uma coisa nem é uma pessoa.

A Pessoa e a Enfermidade não Devem Ser Partes de Sua Meditação Para a Cura

Quando você compreender a natureza impessoal do erro, você inicia o trabalho da cura porque se você quiser curar, deve primeiro livrar-se de um paciente. Enquanto você tiver um paciente em sua mente, você nunca produzirá a cura. Enquanto você tiver o nome de uma doença em sua mente, você não realizará a cura, pelo menos em termos espirituais. O paciente poderia ser curado mentalmente ou pela força da vontade, mas isso não é diferente do uso de um emplastro ou um comprimido.

115

Para curar espiritualmente, você imediatamente afasta de sua mente a pessoa que lhe pede auxílio: seu nome, identidade e mal. A razão é porque a pessoa não é o mal e a determinada doença não é o mal. O mal é uma crença universal da individualidade à parte de Deus, de uma atividade à parte de Deus e de uma lei à parte de Deus. É disso que você realmente está tratando.

Quando alguém chamado Sue Jones chega e diz: "eu estou doente", você tem que deixar de lado Sue Jones e compreender: "Não, essa não é uma pessoa. Esse é o espírito carnal. Mas o espírito carnal não é espírito. Ele não tem lei que o sustente. Não tem substância, causa e realidade". Sem pensar na pessoa ou em seu clamor especial, você realizou a cura, por conhecer a inexistência do próprio mal. O mal é o espírito carnal, a crença em dois poderes. Você não está tratando com "ele" ou com "ela", nem com um problema; você está tratando com o espírito carnal, que está tentando convencê-lo de uma vida separada e afastada de Deus. O Mestre disse: "Quem dentre vós me convence do pecado?" [12] Assim, o que o convence de uma pessoa ou uma condição à parte de Deus?

Com seus olhos finitos, você pode ver o masculino e o feminino, o velho e o jovem. Mas, em meus anos neste trabalho, aprendi a não olhar muito para as pessoas, mas olhar *através* delas. Desse modo, com freqüência, eu não estou realmente consciente de quem está diante de mim e por quê. Isso liberta a identidade da pessoa em meu pensamento, porque eu não estou interessado na pessoa, no problema particular dele ou dela, a não ser quando me apresenta uma oportunidade de revelar outra vez que Deus é a única individualidade e que não há leis, com exceção das leis feitas por Deus.

Enquanto eu não considerar ninguém que venha até a mim como um doente a ser curado, um pecador a ser reformado ou um desempregado a arrumar trabalho, estou no terreno seguro de um verdadeiro médium espiritual. Se alguma vez eu tomar uma pessoa em minha consciência como um doente que devia ser curado, como um pecador que devia ser reformado, como um pobre que devia ter abundância ou como um desempregado que devia estar trabalhando, eu volto ao nível do sonho mortal e já não sou de qualquer utilidade para a pessoa e não serei de qualquer utilidade para este mundo. Meu auxílio está apenas na proporção em que eu possa impersonalizar a situação inteira.

---

12. João 8:46.

Há pedidos que têm a ver com pessoas de oitenta ou noventa anos de idade. Alguns de vocês estão próximos demais disso para acreditar que tais números significam idade avançada. Não deixe ninguém convencê-lo disso também. Essa sugestão é adequada da mesma forma que a saúde, a força do corpo e da mente são preservadas: não aceitando ninguém que necessite de cura, reforma ou suprimento. Você deve reconhecer que a única identidade é o *Eu*.

"A minha glória a outrem não darei".[13] Se você disser que Deus não concede Sua glória à doença, à idade, ao pecado ou à carência, onde então o pecado e a carência conseguem qualquer glória ou poder se Deus é infinito? Eles não têm nada. Não têm glória, lei, beleza. Eles não têm continuidade porque, se não receberem essas coisas de Deus, não as recebem.

Não o Poder, Mas a Graça

Quando você se senta para realizar o trabalho de cura, tudo que você precisa é a habilidade de ficar quieto e comungar com seu Pai dentro de si, percebendo que a graça de Deus é infinita. Você não precisa de qualquer poder. Você não vai curar ninguém nem algo. É uma ilusão acreditar que haja algo ou alguém a ser curado.

Toda cura espiritual é uma prova de que o pecado, a doença e a morte não têm poder. Desse modo, não é preciso poder para vencê-los. Quando falamos de Deus como o único Poder, não pensamos nisso como um Poder que você usa. Pense nEle como o Poder que criou o universo, que o mantém e o sustenta e deixe-o fazer isso, enquanto comunga com Ele interiormente.

É quase como se você estivesse sentado silenciosamente conversando com sua mãe. Você não tem necessidade de qualquer poder. Deus é o único poder e Ele criou este universo pelo poder do *eu*. Deus o mantém e o sustenta. Você não precisa de qualquer poder. Você precisa ser capaz de comungar com seu *eu* interior e estar em paz com Ele. Então, você descobrirá que Deus está mantendo e sustentando Sua própria criação sem qualquer auxílio seu ou meu.

Não seria triste se Deus precisasse de seu auxílio ou do meu? Eu temo que O deixaríamos bastante humilhado. Nós estaríamos

---

13. Isaías 42:8.

dormindo ou em férias. Eu sentiria muita pena de Deus, se Ele dependesse de nós para auxiliá-Lo. Apenas alguns poderiam viver de acordo com isso. Mas Deus não depende de mim ou de você. Ele não precisa de nosso auxílio, nem mesmo de um para o outro.

Tudo o que precisamos é da mesma garantia que Davi teve no vigésimo terceiro Salmo: "O Senhor é o meu pastor: nada me faltará".[14] Ele não pediu qualquer poder divino. Ele simplesmente reconheceu: "Deitar-me faz em verdes pastos, guia-me mansamente a águas tranqüilas".[15] Não diz uma palavra sobre minha parte ou a parte de meu médium. Apenas diz: "Deitar-me faz em verdes pastos". O que o Salmista estava fazendo era contemplar a bondade de Deus dentro de si mesmo. Isso é o que você está fazendo à medida que vai lendo este livro. Você está contemplando Deus enquanto Ele está agindo no universo.

Você não pediu qualquer ajuda a Deus e certamente não aceita qualquer crença de que Ele precisa de sua ajuda. Você acabou de sentar-se aqui, contemplando a existência de Deus e a Sua criação. Você não faz afirmações para tornar verdadeira a existência de Deus. Uma afirmação é uma declaração do que existe, mas em qualquer oportunidade que você usar uma afirmação na esperança de fazê-la realizar-se, você não conseguirá chegar espiritualmente a parte alguma. Você pode realizar alguma coisa mentalmente, mas isso é diferente da cura espiritual.

Na cura espiritual, você não se dirige à consciência de um paciente. Você não formula uma declaração da verdade para fazê-la realizar-se. Se o fizer, você se impede de fazer o trabalho de cura. Você devia apenas fazer declarações da verdade daquilo que você já sabe que é verdade e então permanecer naquela verdade. Muitas pessoas estão tentando fazer isso com o poder da mente, assim e então chamando-o de cura divina, cura espiritual ou cura de Cristo. Não é nada disso absolutamente. A cura espiritual é a compreensão do que existe. Pela visão de seu olho e pela audição de seu ouvido, nada disto jamais pode ser verdadeiro, porque com seus olhos e com seus ouvidos você verá e ouvirá muitas dificuldades no mundo. Só pelo discernimento espiritual você verá o governo de Deus, aquilo que o Mestre chamou de ver e ouvir.

---

14. Salmo 23:1.
15. Salmo 23:2.

Para realizar uma cura espiritual, você precisa ter o discernimento interior que vê *eu* como a vida do ser individual e então sabe que *eu* não tem idade. Este *eu* era o mesmo quando eu nasci e será o mesmo quando eu morrer. Juventude ou velhice, o *eu* é sempre o mesmo. Você tem que observar esse *eu* como ser individual: *eu* sou você, você é *eu*. Nós somos um só em Jesus Cristo, o que quer dizer que somos únicos na filiação espiritual. Há apenas um só de nós e *eu* sou esse um só. "Antes que Abraão existisse eu sou".[16] Você não pode descobrir isso com sua visão física ou com sua audição física. Isso é uma questão de discernimento interior e a consciência da cura mística.

10

O Domínio Através da Compreensão Diária

As limitações de nossa sensação são impostas a nós não por algo que fazemos ou deixamos de fazer, ou por alguma coisa que pensamos ou deixamos de pensar, mas pela crença universal. Crenças materiais têm baixado até nós, não porque conscientemente as aceitamos, não porque conscientemente decidimos que seríamos como somos, mas porque subliminarmente estas coisas foram introduzidas em nossa consciência. Em outras palavras, ocorreram coisas em nossa casa, das quais como crianças não tivemos conhecimento de ver ou de ouvir, e que ficaram registradas em nossa consciência. Na escola, coisas que não tínhamos consciência de estarem circulando à nossa volta, contribuíram para criar padrões dentro de nós. Influência pré-natal, ambiente, sensações são as forças que limitam nossa experiência de vida. E todas elas estão enraizadas na crença universal dos tempos. Tudo isso junto nos faz o ser humano que somos. Temos o mundo que temos, por causa dessas crenças universais, que criaram um estado materialista da consciência.

Nós não escolhemos ser materialistas. Pelo fato de termos nascido numa era materialista, assumimos o caráter de consciência material. Toda doença, pecado, temor e a própria morte são impostos a nós. Todo erro tem sua base na crença universal que surge da aceitação de dois poderes. No nível material da existência, há dois poderes e um é usado para dominar o outro. No nível mental, o poder do pensamento ou o poder do raciocínio correto é usado para vencer o erro. Mas isso não é verdade no nível espiritual. Nele, há apenas um poder. Portanto, você deve reconhecer

---

16. João 8:58.

que o que se está apresentando a você não é nem presença nem poder: não tem lei, nem substância, nem atividade, nem realidade. Portanto, é necessário não resistir a ele. "Estai quietos e vede o livramento do Senhor, que hoje vos fará".[1] Não há batalhas no nível espiritual, porque a visão espiritual reconhece que, o que quer que o poder possa parecer ser, é apenas poder temporal. Qualquer que seja o problema, não importa o seu tamanho, não tem poder. Não obstante sua importância, profundidade ou amplitude, ele não é nada. Permaneça quieto na percepção disso, porque Deus é infinito, o que está aparecendo não é nada. É sem lei, substância ou causa. Não haveria erros de qualquer natureza na terra, se não houvesse a crença universal em dois poderes, que age hipnoticamente em sua consciência.

Como um ser humano, você nasceu com a experiência da aceitação inconsciente do bem e do mal. Assim, torna-se necessário, se você deve aparecer e ficar separado, aceitar conscientemente e demonstrar seu bem. Você não pode esperar que Deus faça algo, porque Deus já o está fazendo. Deus já *existe*.

A Libertação Pessoal da Má Prática Universal

Na primeira meia hora depois de acordar de manhã, instale-se no reino de Deus. Decida-se como viver no "esconderijo do Altíssimo",[2] enquadrando-se na lei de Deus. Agradeça a Deus nas orações pelos seus inimigos, ao aprender a não praticar o mal, isto é, ao aprender a não ver os erros que abundam nos seres humanos a seu redor, mas antes abstendo-se de praticar o mal olhando através da aparência humana para a divindade que está bem aqui.

Trabalho verdadeiramente protetor é a percepção de que somente Deus é poder e que o que aparece para nós — quer seja uma crença na infecção ou contágio, uma crença em doença hereditária ou traços hereditários, uma crença em astrologia ou uma crença de qualquer natureza — existe apenas como crença universal. Impersonalize estas crenças. Não culpe qualquer pessoa, grupo de pessoas, raça, nacionalidade ou religião por elas. O que você personaliza, de algum modo voltará para você mesmo, porque em última análise há apenas um *eu*. Aquilo que você atribui a outra pessoa, você está atribuindo a si mesmo até que se torne seu próprio arauto.

---

1. Êxodo 14:13.
2. Salmo 91:1.

Milagres ocorrem quando você já não mantém as pessoas em servidão a qualquer crença que as esteja obrigando. O ver pessoas de mau temperamento simplesmente como vítimas da crença universal tende a libertá-las, porque você não a está personalizando e praticando o mal. Seus conceitos errôneos constituem uma forma de malversação. Cada mentira a respeito do alheio em que você acreditar é realmente uma forma de malversação.

Compreenda que tudo o que você ouve no rádio, vê na televisão ou lê nos jornais é o "braço da carne".[3] Não tem poder e você não precisa temer o que o homem mortal pode fazer, porque ele tem apenas poder temporal, que não é poder diante de Deus. Você tem o Senhor Deus Onipotente, o Todo-Poderoso, o único Poder. Portanto, não há poder em todos os rumores de infecção, contágio, guerras e acidentes. Se você rejeita essas informações do mal no mundo, quando alguém diz "eu estou com gripe" ou "estou com pneumonia" ou ainda "estou com câncer", você saberá mais do que isso. Você responderá prontamente: "Oh, isso não tem poder. Isso não é de Deus. Portanto, não pode durar".

Em vez de esperar que alguém lhe conte algum erro pessoal, você podia livrá-lo dessa experiência, gastando a primeira meia hora da manhã na compreensão de que toda desarmonia humana pertence à atividade do espírito carnal ou mortal, que não é um espírito. Não tem a lei de Deus. Não tem poder, porque não é determinado por Deus. Imediatamente, impersonalize e reduza-o a nada.

A Natureza do Trabalho Protetor

Quando há rumor de uma epidemia no ar, mesmo que você não tenha ouvido nada sobre ela, mesmo se seu rádio e sua televisão estiverem desligados e você tiver deixado de ler os jornais, ela conseguiria se transmitir a você sem seu conhecimento consciente. Muitas pessoas dizem: "Isso me aconteceu inesperadamente" ou "Eu não estava pensando nisso e no entanto aconteceu". O mal de toda e qualquer natureza age invisivelmente como uma crença em dois poderes e, porque é uma crença universal, age universalmente na consciência humana. Quando você não a rejeita mais conscientemente, acaba se tornando uma vítima dela.

---

3. II Crônicas 32:8.

É necessário começar todo dia com uma forma de compreensão espiritual que foi chamada trabalho protetor. Este trabalho é provavelmente a parte mais importante de todo o seu trabalho no Caminho Infinito. Se você se proteger suficientemente, terá muito menos necessidade de ajuda espiritual para vencer algo, porque evitará aquelas coisas que a maioria das pessoas comumente tem que vencer. O trabalho protetor não é uma proteção *de* alguma coisa ou *de* alguém. É trabalho protetor no sentido de proteger a gente da ação da crença universal.

Qualquer que seja o pecado, a doença, a necessidade, a limitação, a tempestade, a guerra, a infecção ou o contágio que possa ocorrer durante todo este dia, é na verdade a ação da crença universal, o espírito carnal, o disfarce da ilusão. Porque esta crença universal em uma individualidade e em um poder à parte de Deus não é ordenada por Deus, não tem ninguém em quem, sobre quem ou através de quem operar. Não tem poder nem lei. Em verdade, não é um "ele". É uma aparência, uma ilusão. É simplesmente uma crença que deriva seu poder aparente da aceitação e eu, por isso, a rejeito.

Eu rejeito conscientemente a crença de que haja qualquer poder, exceto o de Deus, do Espírito. Eu rejeito conscientemente a crença de que haja uma lei material ou mental, porque Deus é Espírito e Deus é a única lei e o único legislador. Portanto, toda lei deve ser espiritual.

Pelo fato de que tudo que opera tem que operar como lei, você anulou tudo, exceto a lei espiritual de Deus, a bondade, a harmonia, a justiça, a eqüidade, a igualdade, a paz e o domínio.

Você tem que escolher, quando desperta de manhã, se você vai se permitir servir à crença universal em dois poderes ou se vai ser governado por Deus. Você pode ser governado por Deus apenas por um ato de sua própria consciência porque, sem isso, você, assim como qualquer outro ser humano no mundo, está sujeito aos poderes deste mundo, os assim chamados poderes do espírito carnal. Você deve escapar ao domínio da crença universal em dois poderes, instalar-se na graça de Deus e compreender:

Não há poderes para operar em, sobre ou através de mim ou de qualquer outra pessoa mais, exceto o poder da graça de Deus.

O reconhecimento dessa verdade transforma o inferno em céu, a doença em saúde, o pecado em pureza e a necessidade em abundância.

Sua consciência é o templo de Deus, porque Deus habita lá. Seu corpo é o templo de Deus, porque a sua consciência é a verdadeira fonte, essência e substância de seu corpo. Seu corpo não é algo separado e afastado de sua consciência. Ela é formada como seu corpo; portanto, seu corpo é um templo sagrado. Não deve ser despreocupadamente discutida ou tratada. Seu corpo é a sagrada residência de Deus, porque Deus é sua consciência. Ele habita em você e *eu sou* é Seu nome.

Nada é mais importante do que a primeira meia hora de seu dia. Nela, você estabelece o modelo do dia. Negligenciando isso, você se torna uma parte da crença universal, permitindo qualquer uma ou toda a infinita variedade das crenças universais tocá-lo. Pela firme adesão à sua compreensão de um Poder, você se separa da crença universal, coloca-se sob a orientação do Espírito e sobrevive a partir desse princípio maior da vida.

A consciência não pode ser espiritualizada a ponto de ser uma consciência regeneradora, até que você tenha suficientemente conhecido e praticado o trabalho protetor, a fim de começar seu dia na firme compreensão de um Poder infinito. Então, para o resto do dia, apesar das aparências que o tocam, você está na posição de rejeitá-las como não tendo poder, porque você se fixou nessa consciência.

Você não tem que esperar o telefone tocar para trazer-lhe notícias do pecado e da doença. Você não tem que aguardar que o rádio anuncie isso a você. Você não tem que esperar que o medo caia sobre você, antes de começar sua meditação contemplativa. Você pode se impedir de ser dominado por essas aparências, individuais ou coletivas, se tiver se estabelecido na Presença de manhã e tiver se livrado completamente da crença em dois poderes, em duas leis.

A questão da lei é importante. Toda forma de mal vem sob a máscara da lei. Há uma lei de economia que diz que há épocas de explosão dos negócios e épocas de fracasso. Há leis econômicas de abundância e de carência, boas e más estações, ascensão e queda. Há leis atrás das tempestades, das marés e de todos esses fenômenos naturais. Estas pseudoleis não são leis, a não ser quando você as aceita como lei. A única lei que pode haver é a de Deus e não há outra, porque Deus é infinito. Leis materiais — leis da matéria, tempo, idade, infecção, contágio, pecado e doença — agem apenas nos níveis físico e mental da vida. Quando você alcança um nível

123

espiritual, no qual reconhece Deus como Ser infinito, você anula a crença de que há leis da matéria ou leis da mente.

Todas as leis materiais e mentais podem ser usadas tanto para o bem como para o mal. Portanto, não podem ser de Deus. As que são de Deus não podem ser boas nem más. Podem ser apenas espirituais, eternas, infinitas e perfeitas. Não há coisas como o mal na vida e na lei de Deus. Onde quer que você encontre os pares de opostos, o bem e o mal, ou você está tratando com a matéria ou com a mente. No exato momento em que você se elevar acima delas, você encontrará um nível de consciência no qual não há bem e mal. Há apenas ser espiritual puro, infinito, eterno, harmonioso. Essa é a vida como havia no Jardim do Éden, antes que a crença em dois poderes fosse aceita.

Tornar-se uma Transparência Para o Poder do Espírito

Quer você esteja praticando a verdade espiritual em seu círculo familiar ou em uma escala mais ampla, você não terá sucesso se não criar o hábito de começar seu dia mergulhado na verdade. Então, se você vive, move-se, existe na consciência de Deus e se instala na compreensão de um Poder, nenhum dos males do mundo chegará perto de sua morada.

Seu trabalho protetor é completo quando você dá o próximo passo e compreende que o poder do bem, o poder do Espírito, age de dentro de seu ser. Ele não age sobre você. Ele age fora de você e sobre este mundo. Você é a transparência através da qual a lei e a vida de Deus operam a partir de dentro de você e para fora de você.

Do mesmo modo que a mulher que tocou no manto do Mestre foi curada, porque ela era a transparência através da qual a presença e o poder de Deus estavam fluindo, sua consciência se torna a transparência ou o instrumento através do qual a lei de Deus flui para fora neste mundo. Não levará seis dias desta prática antes que você note que você mudou e sinta algo dentro de si. Contudo, isso não pode acontecer, se você pensar em Deus como separado e afastado de você mesmo e agindo sobre você. Só acontece quando você aceita o ensinamento do Mestre de que o reino de Deus está dentro de você e que essa presença e o poder de Deus está fluindo para, através e a partir de você e agindo sobre este mundo. Ela age sobre os animados e inanimados. A presença e o poder de Deus dentro de você traz tudo o que você precisa em seu dia, agindo invisivelmente, através de você, no exterior deste mundo.

O tema examinado em *União Consciente com Deus* é: "Minha identidade com Deus constitui minha identidade com todo ser espiritual e com todas as coisas." * Quando você permanece nessa identidade, você é uno com todas as pessoas do mundo que fazem parte de sua vida. Toda pessoa que você puder abençoar ou que puder abençoá-lo é atraída para a sua experiência. Toda circunstância ou coisa fluirá para sua experiência sem você pensar nela. O único pensamento de que você precisa é a constante lembrança de seu relacionamento com Deus, do estabelecimento do reino de Deus dentro de você, da verdade de que tudo que Deus é, você é e tudo o que Ele tem é seu.

Esse é seu trabalho matutino, antes que seu dia tenha começado. É por isso que você tem que acordar muito antes de sua família. Não é necessário levantar-se da cama se for mais confortável permanecer lá, só que você não deve dormir ou cochilar quando estiver fazendo este exercício. Ele deve ser um conhecimento consciente da verdade.

Quando você começa seu dia livre da crença em dois poderes, fixado na compreensão de que o poder não age sobre você, mas flui para fora de você e que é o poder de Deus, o bem, o Espírito e a vida, você está tão fixado na identidade, que o resto do dia, quando aparências negativas o tocarem quer seja em sua própria experiência ou na da família, dos amigos, pacientes ou alunos —, você estará preparado para elas. Quando você reconhecer que são apenas aparências sem fundamento ou ordenação, sem qualquer autorização de Deus, sem qualquer lei divina para suportá-las ou mantê-las, rapidamente você alcançará as profundezas da contemplação em sua meditação para a cura. Não se trata então de longa rotina, porque você preparou sua consciência. Você a espiritualizou, assim, ela reconhece imediatamente uma aparência negativa como uma inexistência, uma ilusão, poder temporal que não conta com a lei de Deus.

A Importância do Silêncio

Muito poucas pessoas reconhecem o poder no silêncio e no segredo. Quando você realizar esta prática de manhã, não fale sobre

---

* Joel S. Goldsmith, *Conscious Union with God* (Nova Iorque: Julian Press, 1962), p. 223.

ela a ninguém. Nem mesmo se convença de falar à sua família sobre ela. Conserve-a trancada dentro de si mesmo. É sua oração e você quer que essa oração responda não só para si mesmo, mas também para todos aqueles com quem você entra em contato. O que você faz, revelando-a, é assegurar que ela não agirá. Você garante sua própria falha falando sobre ela. Você precisa manter esses princípios trancados dentro de si mesmo e nunca discuti-los, a não ser quando os ensina. Se um membro da família se mostra receptivo ao trabalho espiritual e deseja segui-lo nesse caminho, torna-se sua função instruí-lo e trabalhar com ele até que ele se torne tão adepto dele como você. Mas, exprimindo-o em outras oportunidades, você garantirá a perda dele.

Deus é sua verdadeira consciência e Ele conhece as intenções e os propósitos de seu coração. Ele conhece sua natureza mais secreta. Nunca é enganado pela falsidade, assim, toda declaração de verdade que você faça não engana sua consciência. Sua consciência conhece as profundezas e o grau de sua integridade.

Tentar mostrar quanto você sabe, dizendo isso aos outros, não enganará sua consciência. Ela sabe que você está sendo um propagador. Ela sabe que você está tentando glorificar seu ego ou tentando dizer a verdade para alguém que não a deseja. Sua consciência sabe que você não tem um propósito nobre nisso. Você pode acreditar que está praticando o bem ou que deseja fazer o bem, mas sua consciência sabe que não é verdade. Ela tem conhecimento profundo de que você já sabe que ninguém deseja a verdade, exceto aqueles que estão dispostos a trabalhar, sacrificar, doar, viver e morrer por ela.

Trabalhe com esse princípio de trabalho protetor toda manhã solitária de sua vida, mas mantenha-o trancado dentro de si mesmo e anuncie pelos resultados o que está ocorrendo dentro de você. Quando alguém disser: "Como você faz isso?" ou "O que você está fazendo?", não se apresse a contar a ele. Lembre-se de que você encontrou a "pérola de grande valor".[4] Deixe aqueles que desejam isso mostrar, pela sua sinceridade, seu estudo e sua devoção, que eles querem isso. E então compartilhe isso. Seja tão liberal quanto quiser ser com isso, mas primeiro esteja certo. Todos que vêm dizendo "Cristo, Cristo" não desejam Cristo. A grande maioria daqueles que vêm não estão interessados na verdade. Eles estão in-

---

4. Mateus 13:46.

teressados apenas no que podem ganhar da verdade, ao realizar alguma demonstração que está próxima de seu coração. Ajude-os através de suas orações e conhecimentos secretos, mas não comece a dividi-lo até que saiba que aquele com quem você está compartilhando é um devotado a ela como você, tão profundamente desejoso da percepção divina como você, não simplesmente por demonstração.

Deus, a Consciência divina, que é sua consciência individual, está onde você se encontra. Porque Ele é onipotente, Ele tem todo o poder para fazer por você. Porque Ele é amor divino, é Seu grande prazer dar a você o reino. Você precisa apenas permanecer na compreensão da presença de Deus, entendê-LO como aqui e agora. Então você terá a percepção mística de que nunca pode estar em qualquer lugar onde Deus não está.

Eu, *no cerne de meu ser, é Deus. A única coisa mais próxima de mim do que a respiração é o* eu *que eu sou. Esse* eu, *mantido secreta e sagradamente em minha consciência, é meu alimento. Eu, esse eu dentro de mim, tenho alimento de que o mundo não sabe. Esse* eu *que eu sou, esse* eu, *dentro de mim, é meu suprimento de toda a espécie: de companheiros, de lar, de saúde, de dinheiro, de transporte. Eu, dentro de mim, é o alimento, o vinho e a água.*

Eu nunca preciso olhar para o "homem cujo fôlego está no seu nariz",[5] ou procurar o favor dos "príncipes",[6] porque o eu *dentro de mim é a encarnação de meu bem.*

Tudo que Deus é, eu sou. Este exato lugar em que permaneço, céu ou inferno, é solo sagrado.

11

Despertando Para as Faculdades da Alma

Quando vivemos como seres humanos, só contando com nossas faculdades humanas, apresentamos ao mundo e uns aos outros uma individualidade humana: qualidades humanas e percepção humana. Esta individualidade humana é sempre limitada, sempre finita, consistindo, na sua maior parte, daquilo que aprendemos através da educação, da experiência pessoal, do ambiente e das influências here-

---

5. Isaías 2:22.
6. Salmos 146:3.

ditárias. Oculto atrás deste eu pessoal, contudo, está nosso eu verdadeiro. Há um outro Ser, Algo além da pessoa física e mental. Paulo denominou esse Algo de Cristo, que realmente quer dizer o filho de Deus, a identidade espiritual de nosso ser, a nossa realidade.

O sentimento de separação de Deus que surgiu daquilo que é chamado o Pecado Original do Homem resultou em nossa condição humana limitada, em que temos apenas nossos próprios dotes ou a falta deles para viver, nossa educação ou a falta dela, nossa experiência familiar ou a falta dela e um bom ambiente ou a falta dele. Há as coisas que governam o ser humano e, no entanto, o tempo todo está aí oculta dentro de cada pessoa essa individualidade espiritual chamada Cristo, consciência espiritual ou consciência de Cristo.

Em algum ponto da história da humanidade, uma agitação começou dentro do homem e um aqui, ou outro ali, se viu desperto interiormente através da contemplação do milagre da vida. Ele se achou de posse de uma outra dimensão da vida e viu algo maior do que seus arredores, maior do que seu próprio espírito ou cérebro, maior do que sua própria sabedoria. Assim, ele adquiriu a percepção da verdade de que havia dentro dele uma Presença ou faculdade espiritual que, quando despertada, iluminava-lhe as coisas que ele não poderia conhecer simplesmente pela educação ou através do conhecimento humano.

Esta faculdade espiritual é despertada pela meditação. A contemplação interior conduz a uma experiência na consciência onde a contemplação cessa, onde já não pensamos — nem mesmo em coisas espirituais — e o pensamento parece instalar-se em uma quietude, em uma atitude de atenção, em uma atitude de escuta.

O Vazio Completo

Alcançar este silêncio e estado de atenção interior não é fácil, mas pode ser feito através do exercício de contemplação, isto é, contemplar e meditar em alguma fase da Realidade espiritual ou em alguma fase da verdade — por exemplo, O que é Deus? Se soubéssemos o que Ele é, estaríamos vivendo em paz, em harmonia e em fraternidade espiritual. Já que não sabemos, nós marcamos e abrimos nosso caminho na vida.

Devemos nos libertar de nossas velhas convicções, crenças e teorias sobre Deus, antes que cheguemos à percepção do que Deus é realmente. Devemos estar completamente vazios; é por isso que temos períodos de contemplação dia após dia, mês após mês, sempre descobrindo alguma coisa que Deus não é.

Antes que cheguemos a essa compreensão, estamos quase tão completamente vazios, que por pouco não nos convencemos de que Deus não existe e a única razão pela qual não estamos completamente convencidos disso é que estamos vivos. O próprio fato de estarmos vivos prova que há vida. E o próprio fato de que há vida prova que deve haver um Criador ou um Princípio criativo. Com isso, nós chegamos pela primeira vez a perceber de relance que Deus existe.

Quando começa a manifestar-se em nós o fato de que há uma grande Fonte original e que tudo o que é criado deve ser a manifestação ou emanação dela, começamos a olhar ao redor, primeiro, talvez, para a natureza: árvores, rios, oceanos ou montanhas. Nós nos cientificamos de que o mundo da natureza é governado pela lei. Há leis verdadeiras tais como as que fazem as marés subirem até certo ponto e nada mais além disso; há aquelas que fazem as marés baixarem até certo ponto e nada mais além disso. Pela contemplação, nos tornamos cientes de que as estrelas, o sol e a lua estão sempre em órbita, sempre sob alguma ordem ou lei divina. À medida que prosseguimos, compreendemos que tudo que está ocorrendo na natureza da criação ou desenvolvimento, governado pela lei, está-se realizando sem que qualquer pessoa suplique a ela, sem que qualquer pessoa diga a Deus o que fazer a respeito disso ou quando fazê-lo. Uma estação se segue a outra em uma ordem regular e ninguém está dizendo a Deus o que fazer a esse respeito.

Descobrindo Nosso Lugar no Esquema da Vida

Com contemplação cada vez mais freqüente, começamos a perceber a verdadeira natureza de Deus e ver como estivemos errados ao tentar influenciá-Lo ou tentar convencê-Lo a realizar nossos desejos. Finalmente, através da contemplação, encontramos nosso lugar no esquema da vida.

Deus me deu expressão e depois me libertou? Ou Ele ainda está comigo e eu O ignoro? É possível que o Deus que me deu expressão ainda esteja aqui, governando-me como Ele está governando as marés, o sol, a lua e as estrelas? É possível que haja um Deus que me conduz, me guia, me dirige e eu tenha fechado meus olhos e ouvidos a Ele, me trancado dentro de mim mesmo e pensado que eu poderia ser um empreendedor e fazer tudo isso?

Há um Deus; há aquilo que me deu expressão e manifestação, que foi a causa de eu ter nascido. Deus não me disse que Ele estava comigo "antes que Abraão existisse",[1] que Ele estaria comigo até o fim do mundo e que Ele nunca me deixaria ou abandonaria?

Gradualmente, começamos a compreender que os antigos sábios e os profetas espirituais sabiam que essa Presença está dentro deles e dentro de todo mundo e que nunca os abandonaria. Eles podiam repousar n'Ela, descansar n'Ela, deixá-la assimilá-los, deixá-la guiá-los, dirigi-los. Desse modo, através dessa contemplação, a sabedoria está sendo revelada a nós a partir de uma Fonte dentro de nós mesmos, que não conhecemos e não recebemos através da educação.

Assim, somos conduzidos, através das perguntas, às respostas. Estamos procedendo ao interrogatório, mas as respostas estão vindo de uma Fonte interior que não é humana, de Algo maior do que nós mesmos. Formulamos as perguntas em nossa ignorância e as respostas se revelam a nós a partir de nosso interior. Só devemos ter coragem; não devemos ter medo de formular perguntas, pertinentes ou mesmo impertinentes. Não tenhamos medo de dizer: "Eu quero saber se existe um Deus", começar com essa premissa e depois voltar e ver para onde ela nos conduz. Ou podemos começar com: "Bem, eu devo aceitar que há um Deus a partir de tudo que eu vi neste mundo. Desse modo, eu iniciarei com a suposição de que há um Deus e que não sei o que Ele é, nem ninguém sabe algo mais a respeito que eu", e ver se não podemos encontrar uma solução.

Abraão, Isaac, Jacó, Moisés, Elias, Jesus, João, Paulo, Buda e Lao-Tsé, todos tinham íntimo relacionamento com Deus. Nós também podemos ter. Na verdade, eles se tornaram mais importantes para este mundo pela visão e sabedoria que nos transmitiram. Eles são mais importantes para este mundo do que milhares de nós, mas não são mais importantes para Deus do que qualquer um de nós.

Aos olhos de Deus, Seu filho é nossa verdadeira identidade. Nós somos fruto de Deus. "E a ninguém na terra chameis vosso pai, porque um só é o vosso Pai, o qual está nos céus."[2] Isso quer dizer seu Pai é meu Pai, o Pai de Jesus, de João, de Lao-Tsé e de Buda. Há só um Pai, uma Fonte da vida, um Fluxo de vida. Ele está Se

---

1. João 8:58.
2. Mateus 23:9.

emanando com nossa identidade individual e nunca perdemos essa identidade individual. Tudo o que acontece é que nos tornamos mais sábios, mais espirituais em expressão e mais significativos para o mundo, em proporção ao nosso reconhecimento de que a Fonte do ser está dentro de nós mesmos.

Essa contemplação, que começa como uma atividade simplesmente humana ou mental, gradualmente nos faz voltar passo a passo a um lugar no interior de nossa própria consciência, onde a resposta se extingue em nós, a resposta certa, a resposta que sempre esteve disponível, se tivéssemos parado de crer cegamente no que os outros dizem. Se devemos ter a autoridade de alguém para isso, vamos tomar apenas a palavra daqueles que têm permanecido através dos séculos como reconhecidas luzes espirituais. Todos eles concordam que o reino de Deus está dentro de nós e também concordam com o fato de que o nome de Deus é *eu*:

"EU SOU O QUE SOU." [3] Eu *junto a ti sou poderoso.* Eu *é que estava contigo no princípio. A substância da Vida — a Essência, o Fluxo de Vida, a Fonte, o Princípio criador — é* eu.

Tudo isso começa a se esclarecer em nosso interior, quando nos interrogamos a nós mesmos, contemplando, estando dispostos a nos desfazer das crenças preconcebidas e nos abrindo para uma sabedoria interior, na certeza de que: "A minha graça te basta".[4] A graça de Deus nos dará a resposta a qualquer problema, se nos lembrarmos que a graça de Deus está dentro de nós.

Se reconhecermos que o lugar em que estamos é terreno sagrado, então podemos nos dirigir ao Pai dentro de nós a qualquer hora do dia ou da noite. Se não recebemos nossa resposta imediatamente, vamos nos lembrar quantos séculos estivemos inconscientes de nossa Fonte. Agora, nós estamos despertando essa faculdade interior, levando esse Pai interior para a percepção consciente, trazendo à luz o maná que está oculto em nós.

Despertando o Centro da Alma

A forma contemplativa de meditação desperta-nos para o Cristo, esse Centro espiritual, essa faculdade da Alma. E então uma sensa-

---

3. Êxodo 3:14.
4. II Coríntios 12:9.

ção totalmente nova começa para nós. Nunca mais estaremos sozinhos. Nunca mais viveremos nossa própria vida baseados em nosso poder exclusivamente. Depois que formos despertados para essa faculdade adormecida, estaremos abertos à Presença dentro de nós. Às vezes, estamos de fato conscientes dela como Presença; mas mesmo quando não estamos, sabemos que ela está lá pelo modo como nossa vida está sendo vivida, pelos frutos. É uma Presença que caminha à nossa frente para arranjar as coisas para nós, fazer por nós e preparar para nós, preparar aquelas 'muitas moradas".[5] Talvez alguma fase de nossos negócios que estava bloqueada se abra, repentinamente. Alguma idéia escondida de nós de repente se manifesta e adquire expressão, ou surge alguma orientação interior.

Ocorre um milagre em nossa experiência, quando começamos a entender que Deus é o espírito do homem. Se Deus é o espírito do homem, todos nós estamos nesse espírito único e temos esse espírito único. Somos um só e nossos interesses são únicos. Se Deus é nosso espírito, tudo que é conhecido para Deus é conhecido para cada um de nós igualmente. Porque Deus é nosso espírito, se conhecermos nossa própria integridade, todos os outros que sempre podem fazer parte de nosso círculo também terão esse autoconhecimento. É por isso que nos disseram para ficarmos quietos. Não precisamos sair gritando, porque tudo o que é conhecido em silêncio e segredo Deus revela abertamente. Essa é a Graça, mas essa Graça não pode nos tocar até que tenhamos a percepção consciente de que Deus é o espírito de toda a humanidade.

Se alguma coisa pode representar parte importante de nossas vidas — um livro, um ensinamento, um professor ou um talento —, através de nosso conhecimento de que Deus é o espírito do homem, atraímos essa coisa para nós. Pode estar no outro lado do mundo; mas imediatamente ela começará a percorrer seu caminho em nossa direção. Um desses dias, acordaremos e descobriremos que temos a própria coisa que era tão necessária a nós e que humanamente não fizemos nada a respeito dela, a não ser conhecer a verdade de Deus como o espírito de toda a humanidade. Conhecer a verdade nos liberta da sensação de limitação. Quando residimos na verdade de que Deus é o espírito, a vida e o amor do homem, permitimos que o bem e o amor cheguem a nós através de cada um e de todos.

A sabedoria espiritual age nos nossos assuntos mais mundanos, mesmo em se tratando de investimento para compra e venda. Não

---

5. João 14:2.

porque Deus tenha qualquer conhecimento do fato de o mercado estar em alta ou em baixa, mas porque uma faculdade interior de discernimento, que somos capazes de utilizar em conexão com toda e qualquer forma de atividade, é despertada em nós.

Estamos preocupados não que Deus saiba o que devemos comprar ou vender, para quem devemos trabalhar ou que ramo de mercadoria devíamos representar, mas que despertemos para essa faculdade da Alma. Ele sabe exatamente o que vamos fazer e encaminha-nos para isso, mesmo que seja algo que ordinariamente não teria chamado nossa atenção. Por conseguinte, não estamos preocupados agora com o que está aqui fora, mas com a realização dessa sensação despertada da faculdade de Cristo.

O Espírito Dirige-nos Para Ele Mesmo

O primeiro passo nesse despertar é um passo que não demos, ele foi dado por nós. Alguma coisa nos indicou a direção do ensinamento espiritual e esse foi o primeiro fator verdadeiro de nosso despertar. Isso devia ser uma prova de que há Algo maior do que nós mesmos agindo em nosso interior. Há Algo agindo em nossa consciência, guiando-nos, suprindo-nos e sustentando-nos, Algo agindo em nossa consciência, do qual podemos não ter tido conhecimento.

Ao ser vendido como escravo, José afastou-se de sua família e de sua casa, para se tornar a segunda autoridade de uma nação. Levado para o Egito, foi possível para ele ser a segunda autoridade do governo e se tornar o grande espírito do Egito. Sem isso, ele teria permanecido em casa, o filho mal acostumado de um homem rico. Ele provavelmente teria significado muito pouco. Muitos de nós chegamos a qualquer que seja o estado de percepção que temos, apenas porque alguma enfermidade, algum pecado, alguma infelicidade ou deficiência compeliu-nos a descobrir esse maná oculto, esse *eu* que é nosso alimento, nosso vinho, nossa água, esse *eu* que está dentro de nós e que é poderoso, esse *eu* que caminha diante de nós.

A Alma que é Deus é a Alma do homem e essa Alma do homem tem uma função a realizar em nossa experiência. A Alma é realmente a Fonte de luz do homem, do bem, das habilidades e integridade. Quando confiamos em nossa Alma, em vez de confiar nas formas exteriorizadas de matéria ou pessoa, estamos cumprindo a intenção original da Escritura e da oração. O verdadeiro pregador destina-se a destruir nossa fé em qualquer coisa e em tudo que possa ser visto, ouvido, saboreado, tocado ou cheirado. Ele remove nossa fé do efeito.

O que quer que acreditemos, pode, em muitos casos, sucumbir. Ele nos deixa sem esperanças, sem confiança ou substância em nossa experiência. Muito freqüentemente, somos levados a Deus através de tais sensações e quando somos guiados para Deus, somos realmente guiados para a confiança naquela parte invisível de nós que é a Alma.

Quando aprendemos a deixar de prestar atenção no reino das coisas externas e nos voltamos para a Alma do homem em nosso íntimo, começamos a trazer as glórias de Deus para nossa experiência. Nós podemos nos retirar do mundo para o templo de nosso ser, o que quer dizer que podemos nos retirar para dentro de nossa Alma, que está em nosso centro.

Há apenas uma Alma e esta é a minha e a de qualquer pessoa. Ela está conosco individualmente e coletivamente, como uma fonte de luz, graça e paz. A Alma é minha confiança. A Alma é meu esconderijo e minha morada permanente. A Alma é o templo de Deus. Ela é a fonte das chuvas. A Alma tem dentro de Si a capacidade de minha ressurreição, redenção e regeneração.

Esta Alma é imaterial, espiritual, infinita e, portanto, onipresente. Ela está bem aqui onde estamos, mas exige a tranqüilidade do espírito para fazermos contato com Ela. É da Alma que a Voz procede e diz: "*Minha* Graça é tua suficiência; *Minha* vida é tua vida; *Minha* paz é tua paz". É da Alma que fluem a segurança e a proteção. A Alma é a fonte da vida eterna, harmonia da vida, alegria da vida. Na Alma estão todas as decisões, todas as oportunidades de trabalho e os frutos de todos os tipos.

Nenhum dos horrores durante a noite ou durante o dia, nenhuma das ciladas, nenhum dos alçapões se aproxima das vivendas daqueles que moram na Alma, que vivem, movem-se, e existem em sua Alma, cuja esperança, confiança, expectativa estão Nela, que olham para sua Alma sempre em busca de alimento, Graça, paz, ressurreição e regeneração.

Quando conhecemos e reconhecemos nossa Alma como a Fonte de nossa vida, como nossa continuidade e frutos, vivemos nossa vida exterior normal e alegremente, assistindo à sua chegada e partida sem temor e sem esmorecimento, por causa da renovação que começa imediatamente a ocorrer dentro da Alma. Em nossa Alma, encontramos nosso descanso e nosso refrigério.

Quando abrimos nossa consciência que pode ser preenchida com o Espírito de Deus, mas não com razão, objetivo, propósito, essa consciência que somente pode ser preenchida com esse Espírito, Ele nos ordena. Alguns são mandados para curar doenças; outros são mandados para atender de outros modos aos doentes; outros ainda são mandados para realizar obras de arte, literatura ou música. Em qualquer parte que o Espírito de Deus toque a consciência do indivíduo, ele é mandado e se mostra útil em alguma atividade ou lhe é dada alguma nova atividade.

Abrindo Caminho Para o Propósito de Deus Ser Revelado

A vida espiritual tem suas bases na compreensão de que "Eu e o Pai somos um".[6] Portanto, tudo que Deus é, é nosso. Nós repousamos na compreensão de que já estamos realizados, assim, agora não temos direito de desejar qualquer trabalho especial, mesmo de natureza espiritual, porque isso seria reconhecer uma deficiência.

Nossa atitude na vida espiritual é sempre a de viver, mover-se, existir na percepção de Deus, abrindo-nos para a compreensão espiritual e desenvolvimento, ouvindo a "voz mansa e delicada".[7] Isso é tudo. Então, quando nos levantamos de manhã, tudo quanto nos for dado para fazer, devemos fazer. Se a gente estiver fazendo negócios ou com alguma ocupação, a gente deve sair e dirigir-se àquele trabalho. Se a gente ficar em casa, deve cuidar das tarefas da casa. Não deve haver outro desejo que não o de fazer o que está à mão, fazê-lo com o máximo de nossa compreensão e com a vantagem de receber a graça de Deus.

Assim, realizando nossa atividade e sem outros desejos, esperanças ou ambições, estamos constantemente iluminando e enriquecendo a consciência. Então, chegará o dia em que alguma atividade espiritual será exigida de nós. É possível que, à medida que continuamos nosso desenvolvimento espiritual, estudo e meditação, possamos ser conduzidos para alguma atividade que o mundo chama de espiritual. Mas isso não ocorrerá necessariamente. Muitas pessoas são consideradas mais úteis em sua atividade atual do que possivelmente seriam, se mudadas para outra qualquer. Alguns se desenvolvem pelo seu

---

6. João 10:30.
7. I Reis 19:12.

estudo e preparação espiritual de um modo tal que nunca imaginaram que fosse possível. Se alguém se tornasse um médium ou mestre espiritual, deixaria todas as nossas pontes sem construir e todos os outros trabalhos necessários por fazer. Ninguém jamais deveria desejar ser um médium ou um mestre, porque é realmente um desejo errado.

Elias e Eliseu estavam, certo dia, conversando sobre esse assunto. Elias perguntou a Eliseu o que ele podia fazer por ele antes que ele fosse levado embora. Disse Eliseu: "Peço-te que haja porção dobrada de teu espírito sobre mim".[8] Quando Elias "subiu ao céu num redemoinho",[9] Eliseu tomou "a capa de Elias, que lhe caíra",[10] porque ele tinha testemunhado a ascensão dele. Se uma pessoa tem a percepção espiritual para testemunhar a ascensão, ela tem discernimento espiritual, que será seu manto ou consciência espiritual para levá-lo para frente.

Deixando o Propósito de Deus Revelar-se em Nós

A meditação está nos abrindo para a graça, direção e orientação de Deus. Está colocando nossa individualidade pessoal de lado e reconhecendo Deus em tudo que fazemos. Não está repousando em nossa própria compreensão e pedindo a Deus para abençoar o que desejamos. Está realmente anunciando a vontade de Deus, o caminho de Deus, a glória de Deus. Nós não pedimos nada para nós mesmos. Nós abrimos o caminho para a Graça assumir, renunciando a nossa vontade, a nosso plano, a nossas esperanças e a nossas ambições — mesmo quando eles são bons e nobres. Esses devem ser postos de lado a fim de nos tornarmos transparências para Deus e isso só pode ser efetuado através da oração e meditação.

Muitos de nós nos perguntamos: por que estamos na terra, por que nascemos, por que continuamos a ocupar espaço na terra, qual nosso propósito e que função realizamos aqui? Se tentarmos responder a essas perguntas a partir de qualquer ponto de vista humano, nós estaremos errados. Nós não estamos aqui para ser esposa, marido, mãe ou pai. Não estamos aqui para ter sucesso nos negócios, nas artes ou numa profissão. Não estamos aqui para praticar o bem na terra. Estamos aqui só para um propósito que é o de realizar o propósito de

---

8. II Reis 2:9.
9. II Reis 2:11.
10. II Reis 2:14.

Deus em nós — não nosso propósito. Não obstante nosso propósito possa ser bom ou nobre, se ele for *nosso* propósito, estamos errados. Em vez disso, vamos nos pôr de lado e perceber claramente:

Deus me criou e me criou para Seu propósito, não para o meu. Deus me criou para realizar Sua vontade na terra, não para eu decidir o que eu quero ser, o que eu quero fazer ou onde quero fazer. Isso seria ter um espírito e uma vontade à parte de Deus. Não deixe meu desejo ser realizado, mas "seja feita a tua vontade, assim na terra como no céu".[11]

O reino de Deus nunca pode vir à terra para mim, enquanto eu estiver tentando realizar minha própria vontade, meu próprio desejo, porque estou impedindo que Deus entre na minha vida.

Permita-me conhecer a Sua vontade e eu a obedecerei. Torne Sua vontade evidente em mim. Conduza-me para onde quer que eu vá. Deixe-me ser na terra uma realização de Seu plano. Deixe-me ser na terra a demonstração de Sua glória para que, onde quer que eu for, seja anunciada a presença de Deus. Não deixe que minha realização pessoal chame a atenção.

Deus sente e compreende nossos motivos. Muito freqüentemente, nossas palavras mentem nossos motivos ou nossos motivos mentem nossas palavras. Estamos orando para uma coisa com os lábios e a mente, e o coração está realmente voltado para uma outra direção. Mas não estamos tapeando Deus; estamos tapeando a nós mesmos. Tem que haver uma pureza de motivo, e parte dessa pureza está na rendição de qualquer vontade pessoal.

Permita que Sua vontade se realize em mim. Permita-me conhecê-la. Inconfundivelmente, permita-me conhecer Sua vontade e eu a seguirei. Permita-me conhecer Seu caminho, o caminho que eu seguirei.

12

A Revelação da Consciência Como a Harmonia de Nossa Experiência

Há algum tempo realizou-se uma sondagem nos Estados Unidos sobre a questão do que mais contribuiria para a paz. Trinta e oito

---

11. Mateus 6:10.

por cento dos entrevistados sentiram que a unidade sob um único Deus faria mais para assegurar a paz do que um maior arsenal de bombas, mais armamentos ou o desarmamento. Isso indica o começo de uma mudança de consciência e é sobre isso que podem ser feitas válidas profecias. Com um grupo representativo de trinta e oito por cento da população concordando que valores espirituais farão mais pela paz do que bombas atômicas, podemos ter certeza de que uma mudança de consciência, que assegurará a paz definitiva, está em evolução.

Quase toda guerra que não se originou de rivalidades comerciais resultou de diferenças religiosas. Entre grupos religiosos, há aqueles que afirmam que os hebreus são o povo eleito por Deus, os católicos têm o único Deus verdadeiro e os protestantes têm o caminho certo. Sempre há a crença de que há um Deus para cada religião e que é o único e verdadeiro Deus. Mas quando trinta e oito por cento das pessoas entrevistadas concordam que há apenas um Deus, preconceitos, fanatismo e diferenças religiosas estão sendo eliminados. A coisa importante é o reconhecimento do fato de que, quer sejamos ocidentais ou orientais, brancos ou negros, judeus ou pagãos, estamos cultuando o mesmo Deus. Então, temos universalidade.

A compreensão de que há apenas um Deus muda a natureza do indivíduo. Muda a natureza de nosso relacionamento com outras pessoas, porque a maior diferença foi afastada: a crença de que há um Deus para você e um outro Deus para mim.

No começo de cada ano, são feitos todos os tipos de profecias: profecias sobre se os negócios irão bem ou mal, sobre as possibilidades da paz, sobre como os dirigentes atuarão. Naturalmente, há aqueles que tentam adivinhar ou profetizar, baseados nos mapas astrológicos. Como uma regra, algumas dessas acontecem, talvez dez, doze ou quinze por cento, mesmo que muito poucas dessas profecias estejam baseadas em alguma coisa que lhes conferiria validade.

Para que uma profecia seja de confiança, deve se basear em uma mudança de consciência. Se não houver mudança de consciência, não pode haver mudança nas condições interiores. Se, na entrada do ano novo, nossa consciência é a mesma com que entramos no ano anterior, podemos estar certos de repetir a experiência do ano anterior. Mas, se nossa consciência se aprofundou mais e se enriqueceu, o novo ano ficará enriquecido.

Nada acontece senão como uma projeção da consciência. Nem o tempo nem o espaço têm qualquer ação sobre ela. A ação é projetada pela consciência, individual e coletivamente. Somos afetados por nossa consciência, que nos devolve a experiência que ocorrer. Por exemplo, o que acontece se eu aceito a revelação metafísica e mística de Deus como consciência individual, constituindo Deus minha consciência, que é equivalente à declaração do Mestre: "O reino de Deus está entre vós" ? [1]. Imediatamente, eu começo a perder a fé, a confiança ou a dependência em alguma coisa ou em alguém fora de mim. Começo a compreender que, qualquer que seja o poder que deve ser exercido em mim e em benefício de minha vida, deve fluir de meu íntimo.

Meu olhar está agora afastado do mundo e centrado no reino de Deus, o poder, o amor e a Graça dentro de mim. Ao mesmo tempo, meu temor do mundo do exterior — micróbios, pensamento errado e poderes externos de qualquer gênero — é reduzido. Mesmo no meio de uma batalha, eu me sentiria seguro porque o reino de Deus, o reino do verdadeiro poder, está dentro de mim. Ainda que mil devessem tombar à minha esquerda e dez mil à minha direita, eu sei que o mal não poderia se aproximar de minha vivenda, porque tenho confiança na compreensão de Deus — Onipresença, Onipotência, Onisciência — aqui onde estou. Na guerra ou na paz, doente ou são, indiferente às circunstâncias externas, eu estaria ancorado na presença e no poder de Deus que constitui meu verdadeiro ser.

Fixado nessa consciência, eu profetizaria que meu ano novo teria menos desacordos com meus vizinhos, menos pecados ou falsos apetites e menos enfermidades, porque nessa consciência da presença e do poder de Deus o mal não pode agir. Portanto, meu estado de consciência determinaria a natureza de meu ano — não cem por cento, porque eu ainda não alcancei cem por cento da consciência de Deus, mas até onde alcancei qualquer medida da percepção de Deus, seria agir pela harmonia e paz em minha vida individual.

Tornando-se uma Comunidade de Amigos e Vizinhos

No relacionamento de todos aqueles que aceitaram um Deus, onipresente, onisciente e onipotente, haveria paz. Haveria harmonia, haveria o amor de seus vizinhos para com eles mesmos. Qualquer discórdia e desarmonia que penetrasse em suas consciências seria ainda uma crença universal que eles não superaram completamente.

---

1. Lucas 17:21.

Eu posso profetizar o bem para mim mesmo apenas na medida em que minha consciência estiver enriquecida e arraigada na compreensão de Deus, onipresente, onisciente e onipotente. O que eu distribuo voltará para mim. O pão que joguei na água retornará a mim. Portanto, quando eu individualmente compreendo que Deus constitui a consciência da humanidade, do amigo e inimigo, do judeu e pagão, do branco e negro, do oriental e ocidental, até o ponto em que eu possa ver a unidade da consciência, estou amando meu próximo como a mim mesmo. Estou reconhecendo que tudo que Deus é para mim, Deus é para meu próximo. E estou, portanto, doando amor, verdade e boa vizinhança. Em certa medida, é isso o que voltará para mim.

Por causa dos anos de ignorância sobre essa verdade, é preciso renovar dia a dia esta consciência de Deus como a natureza da vida e do ser no gênero humano. Quando começamos a adotar isto como nosso modo de vida, tornamo-nos uma comunidade de amigos e vizinhos, uma comunidade de indivíduos cônscios de Deus, amantes de Deus. Quando um grupo representativo de trinta e oito por cento da população concorda que há um Deus, deve ser óbvio que essa consciência está se difundindo. É certo profetizar que estamos chegando mais perto de uma paz permanente na terra, porque estamos chegando mais perto de uma consciência unânime de um único Deus.

Nos últimos dez anos, houve um interesse sempre crescente pelo assunto de cura espiritual. Este é um outro exemplo de uma identidade de consciência que está se formando. Faz pouca diferença se a cura espiritual é concebida a partir do ponto de vista de um ensinamento meticuloso ou de outro. O ponto importante é que a consciência está se unificando em torno da verdade de Deus como Poder na existência humana.

Até este século, Deus foi apresentado principalmente como um poder no mundo futuro. Há um sentimento de que o que o bom Deus não dá a uma pessoa aqui, será dado indubitavelmente no próximo mundo. Mas trazer Deus especificamente para os nossos problemas de saúde do dia-a-dia, alimentação, relacionamentos com vizinhos ou com outros povos tem acontecido muito recentemente. Essa é uma outra evidência de unidade de consciência e de acordo de que há Deus na terra como há Deus no céu.

Quanto mais reconhecemos que não há tal coisa como um Deus batista, um Deus anglicano, um Deus presbiteriano, um Deus metafísico ou um Deus ortodoxo, mas que há um único Deus, mais perto, chegaremos de uma unidade de consciência, e maior quantidade de consciência divina será libertada na terra.

O ministério do Mestre não foi simplesmente o de curar os doentes. Foi também destinado a perdoar os pecadores, não depois de séculos de punição no inferno ou em alguma ante-sala do inferno, não depois de séculos de sofrimento sob a lei cármica, mas no exato momento de sua procura. O ministério completo de Cristo foi mostrar que, no momento da volta, no reconhecimento do Cristo, da Graça espiritual, nós somos salvos. Essa é a parte mais difícil da ação de alcançar a nova consciência, porque foi arraigada em nós a idéia de que devemos sofrer por nossos pecados. Essa é a parte do erro que existe hoje em nosso mundo legal, um erro que pode ser superado apenas pela espiritualização da consciência. Pessoas são presas como punição por ofensas e depois soltas para cometerem os mesmos crimes outra vez, sem qualquer consideração sobre se houve ou não uma mudança de consciência. É muito evidente que a pessoa libertada da prisão no mesmo estado de consciência em que entrou, é a mesma pessoa e ela provavelmente vai cometer os mesmos crimes novamente.

Algum dia prisioneiros não serão libertados até que tenham demonstrado uma mudança no estado de consciência. Então, será seguro libertá-los. Não se sabe quantos crimes um criminoso vai cometer. Ele vai cometer crimes e mais crimes novamente, até que sua consciência tenha sido mudada. Quando sua consciência estiver mudada, ele não cometerá mais crimes.

Nosso estado de consciência determina nossa experiência e aqueles que alcançaram o estado de consciência de um Deus estão agora estabelecendo as bases para a paz no futuro.

A Consciência Mística da Unidade, o Segredo da Fraternidade

Quando eu e você, sem consideração para com qualquer membro da família, amigo ou vizinho, nos preocuparmos com o ato de alcançar a consciência divina, mesmo se A alcançarmos apenas em certa medida, nós estamos determinando a harmonia de nossa experiência. Então, à medida que nossa própria consciência se aprofunda e se aprimora, ela começa a se tornar uma lei para nossos parentes, amigos e vizinhos. Começamos a atraí-los para essa mesma consciência e finalmente descobrimos que o que era originalmente nossa consciência divina agora se tornou a consciência divina de muitos.

Um indivíduo — seja um teólogo, um ministro, um rabi ou um sacerdote — torna-se uma lei para todos aqueles levados para a órbita de sua consciência, a princípio em um grau muito pequeno, mas aos poucos em um grau maior, até que repentinamente haja uma comunidade de consciência divina.

Uma vez que podemos admitir um Deus, admitiremos uma verdade; então, não pode haver diferenças que nos dividam. Seremos o que o Mestre revelou que somos: irmãos. Nós todos temos um Pai, o Pai. Diferenças de grupos desaparecem na consciência desse Deus único, dessa Verdade única.

O mundo está à procura de paz na terra e eu não tenho dúvidas de que ele finalmente vai obtê-la. Mas nem eu tenho qualquer dúvida em profetizar que ela não vai acontecer enquanto os discípulos da verdade, os protestantes e os católicos não se unirem em orações recíprocas. Nós não podemos ter paz na terra, enquanto facções cristãs não conseguirem orar em comunhão ou estar de comum acordo.

O caminho místico da vida não conhece seitas religiosas. O espírito do Senhor Deus ou está sobre nós ou não está. Se ele estiver, Ele está, sejamos católicos, protestantes, judeus ou muçulmanos.

Eu tenho um amigo no Cairo, Egito, que é um muçulmano muito devoto. Certa vez, ele me enviou uma linda coleção de contas de âmbar que tinham sido santificadas em Meca. Um muçulmano não gosta de nada, tanto quanto de dividir as contas que receberam a bênção sagrada. Eu tinha seu endereço comercial, mas não tinha o da sua residência. Cheguei ao Cairo num domingo, às três horas da manhã. Num daqueles dias lindos e famosos do Cairo, eu estava de pé, às oito horas. Não sabendo o endereço da casa de meu amigo, eu não podia encontrá-lo. Sem nada a fazer o dia inteiro, caminhei sem destino e fui levado a um grande círculo, de onde as ruas partiam em todas as direções. Eu caminhei por uma e dobrei uma outra e lá estava meu amigo de pé diante de um edifício, com um conjunto de contas nas mãos, orando. Caminhei na sua direção. "Abdul!" "Goldsmith! Eu estou rezando por você." "O que você quer dizer com estar rezando por mim?" "Eu disse à minha mulher esta manhã que eu não posso esperar mais. Você precisa vir. Eu preciso de você. Assim, eu vou sair por aí e apenas orar para que você chegue ao Cairo." Eu tinha chegado bem no lugar em que ele estava rezando e tenho uma sensação de que meu desejo de ser levado aonde quer que Deus me levasse — o desejo do Caminho Infinito — foi realizado por seu pregador muçulmano.

Essa é a natureza da identidade da consciência mística. O misticismo é união consciente com Deus, a habilidade de receber comunicações diretamente de Deus. Ele não faz menção sobre manifestações, raça, religião, cor, clima ou credo. Mas não podemos realizar a missão e a mensagem do Mestre de trazer vida e mais abundância ou levar cura, suprimento ou iluminação espiritual para qualquer um, a menos que nós mesmos tenhamos esse Cristo. *Ele* cura. *Ele* redime. *Ele* salva. *Ele* faz ressurgir da morte. *Ele* alimenta.

A missão do Cristo deve ser compreendida primeiro por nós e depois, por nosso exemplo, revelada a outros, de modo que o mundo pergunte: "Como isso é realizado? Nem mesmo o mais religioso dos homens e mulheres é capaz de realizar esse trabalho." E nossa resposta será: "Quando o Espírito do Senhor está em nós, nós podemos realizar esses trabalhos através do Espírito, porque então esse Espírito trabalha através de nós".

Ordenação Pelo Espírito

Muitos têm utilizado para seu trabalho apenas o conhecimento intelectual que adquiriram nos livros. Tudo o que sabem são declarações da verdade. Eles ainda não estão preparados para receber a ordenação, para receber o Espírito de Deus dentro deles. A leitura disso em um livro, não servirá. Amá-lo e ter zelo por ele não servirá. Desejar salvar o mundo não servirá. Só uma coisa servirá: retire-se e estude; seja solitário, seja religioso. Não deixe ninguém saber o que você está fazendo. Estude até que o dedo de Deus toque em você e você se encontre ordenado. Então, você não terá que sair para encontrar seu trabalho. Também o mundo abrirá um caminho até sua porta. Esse Espírito do Senhor Deus é a melhor ratoeira que você pode ter.

Você sentirá esse Algo dentro de você, mais perto do que a sua respiração, Algo pousado em seu ombro, caminhando bem atrás de você, ou de pé, ali. Você reconhecerá essa Presença e conhecerá Seu poder — você O sentirá e até ouvirá a "voz mansa e delicada".[2] Depois você pode dizer:

O Espírito do Senhor Jeová está sobre mim." [3] *Agora eu estou ordenado: não através de meu intelecto, de minha sabedoria, de mi-*

---

2. I Reis 19:12.
3. Isaías 61:1.

nha força, de meu conhecimento. *Agora eu sou um soldado sob ordens. Eu tenho a armadura do Espírito do Senhor em mim — que é a palavra de Deus — não as palavras em um livro, mas a palavra de Deus, que é vida e amor.*

Então, você pode se dirigir para o habitat do doente, do miserável, do agonizante ou do morto e levar consolo, cura, ressurreição, suprimento, enfim, todas as coisas.

Nunca cometa o crime de acreditar que a dor ou qualquer circunstância sejam um obstáculo para a busca de Deus. Quando você tiver alcançado a percepção de Deus, a dor, a discórdia e a doença desaparecerão. Quanto mais pobre você for e maior a sua carência, tanto maior é a sua necessidade de Deus. Busque Deus primeiro e você se encontrará livre. Se você tentar obter sua liberdade primeiro, você nunca alcançará a Deus.

Há aqueles que não renunciarão a uma ou duas horas de sono. Há aqueles que não gastarão dez minutos para o estudo e a meditação. Mas isso não quer dizer que haja alguém neste mundo seriamente aplicado na aventura espiritual que não possa tê-la. Na verdade, ele não pode ter tudo isso em um dia. Ele não pode ter tudo isso em cinco ou dez anos. Custa devoção, dedicação e seriedade. O objetivo não é o nome ou a fama, porque mesmo que você a tivesse, estaria por demais ocupado para fazer muito uso dela. O objetivo é a realização desse Espírito do Senhor Deus, a realização dessa percepção. Esse é o objetivo total da vida espiritual.

O que ele faz com você, depois que você O alcança, é assunto d'Ele. Tudo o que você fizer, com o Espírito do Senhor agindo em você, você fará bem. Tudo o que você fizer, quando o Espírito do Senhor Deus estiver em você, você fará melhor do que qualquer outro poderia fazer sem esse Espírito. Você não pode saber qual vai ser o seu campo de atividades. Você não pode ter ambição de ser algo especial. Se você tiver, você deve estar preparado para mudar a qualquer momento, porque você não pode ter idéia do que o Espírito do Senhor Deus vai lhe fazer quando descer sobre você.

Há apenas uma prova para aqueles que querem ser discípulos: demonstre a Presença; sinta a Presença dentro de você, sobre você, ou perto de você. Então, quando você A tiver, "não estejais apreensivos pela vossa vida, sobre o que comereis, nem pelo corpo, sobre o que vestireis". [4] Não se preocupe com a sua vida — não se preo-

---

4. Lucas 12:22.

cupe com coisa alguma. O Espírito age e se torna o pão nosso de cada dia. Ele age e se torna sua oportunidade de negócios. Ele se torna seu talento, habilidade, capacidade e força física. Há apenas Ele e esse Ele é sua prova. Esse é seu objetivo.

Esse Cristo, que é a Essência ou Substância de toda forma, demonstra-se a Si mesmo como tudo que é necessário à sua experiência. Isso é misticismo. É a autoperfeição em Deus. O Cristo de Deus, o Espírito de Deus está no seu interior e o Espírito Santo está ligado entre o Pai e o Filho.

A vida mística é uma vida edificada sobre o Espírito de Deus. A vida do aspirante é devotada ao estudo, à meditação e à comunhão com aqueles que passaram além dele neste caminho e através de quem ele pode receber iluminação, até que o Espírito do Senhor entre nele e ele se encontre ordenado. Daí em diante, cada um é independente.

Tomando isso como base, nós estamos construindo a consciência que nos habilitará a viver vinte e quatro horas por dia e sete dias por semana, na percepção da divindade: Poder divino, Graça divina dentro de nosso próprio ser. Isso libertará definitivamente o mundo. Se algum mestre pudesse pôr o mundo em liberdade, Buda ou Jesus Cristo teriam-no feito há muito tempo. Ninguém pôs o mundo em liberdade e mestre algum jamais o fará.

Apenas uma coisa libertará o mundo: a consciência da Graça divina dentro de você, de mim e de toda a humanidade. Quando começarmos a ver provas disso em nossa experiência e tivermos sensações que nos mostram que a Graça está agindo, olharemos com atenção e cuidado para todo mundo em nossa comunidade, dizendo: "Isso não é maravilhoso? Eu posso libertar você pela compreensão de que o reino da Graça está agindo dentro de você. Ele não permitirá que o mal se aproxime de sua morada. Ele não deixará o pecado, o falso apetite, a doença ou a crueldade do ser humano se aproximar de você".

Em lugar de nos sentirmos responsáveis pelas pessoas como benfeitores, olharemos para este mundo com um sorriso, dizendo: "Obrigado, Pai, por me ter revelado que o reino da Graça está agindo na consciência de todo indivíduo". Quando cada um se torna ciente do reino da Graça agindo dentro dele, um ano de realização está assegurado. Nada mais pode garanti-lo.

A paz na terra nunca virá através das armas ou das guerras; a paz na terra nunca virá através de acordos entre nações, porque tem havido acordos entre as nações desde muito "antes que Abraão existisse". [5] Nenhum deles jamais foi honrado mais tempo do que serviu aos propósitos da nação que o firmou. Toda e qualquer nação quebrou os acordos que assinou, quando convinha a seus propósitos. Portanto, a paz nunca virá com acordos. Virá quando houver paz no coração dos homens. Apenas uma coisa trará essa paz: a compreensão da Graça divina dentro de nós.

A gratidão não a trará. Nenhuma nação vai ser grata pelo auxílio que uma outra nação tem dado a ela. As nações nunca foram nem serão gratas, assim como muito raramente há um verdadeiro sentimento de gratidão naqueles que nós ajudamos humanamente, e nenhum na certa dura muito tempo. Só uma coisa traz a paz: a compreensão de uma Graça divina agindo dentro da consciência de cada um e de todos nós. Compreendendo completamente essa Graça dentro de nós, Ela traz a paz para nós. À medida que começamos a perceber essa Graça agindo na consciência da humanidade, nessa proporção o Espírito de Cristo será despertado na humanidade.

A Função da Graça Como Amor

Não é uma questão do intelecto; é uma questão de sensibilidade. Ninguém pode compreender a Graça divina com a mente, porque ninguém pode ver prova suficiente dela com a mente. A Graça é uma atividade de Deus da qual nós nos tornamos cientes através de uma percepção interior. É a Graça que liberta o pecador, que liberta aqueles com carência e limitação e que liberta os enfermos. Não há nenhum outro poder senão essa Graça divina que age dentro de nós e que funciona através do amor. Então, nós estamos permitindo que o amor, não o nosso amor, mas o amor de Deus, flua através de nós na forma de perdão "setenta vezes sete", [6] na forma de oração por nossos inimigos e por aqueles que nos perseguem.

O amor é exemplificado por uma visita aos enfermos. Nós visitamos os enfermos, nem sempre indo a suas casas e sentando-nos lá, segurando-lhes as mãos e tendo piedade deles, mas através de nossa consciência despertada, compreendendo que a Graça divina os põe em liberdade. Nós visitamos aqueles que estão na prisão, às vezes fisicamente, mas sempre espiritualmente. Por causa da natureza incorpórea de nosso ser, nem sempre temos que fazer fisicamente

---

5. João 8:58.
6. Mateus 18:22.

coisas que as pessoas parecem achar necessárias. Só conhecendo a si mesmos como seres físicos, eles podem visitar aqueles que estão presos ou aqueles que estão doentes apenas realizando essa visita pessoalmente. Tendo compreendido a natureza da Graça, contudo, podemos visitar o pecador, o enfermo ou o prisioneiro e libertá-los sem nunca sair de nossa casa. A natureza incorpórea ou espiritual de nosso ser nos torna possível estarmos presentes em espírito com o enfermo, com o pecador e com o prisioneiro. E é o Espírito que os liberta, não nosso corpo físico.

Levar nosso corpo físico ao enfermo ou ao prisioneiro não os liberta. É o que está incorporado em nossa consciência que os liberta. É por isso que a verdadeira visita física é mínima. A visita espiritual é uma ocupação de vinte e quatro horas por dia.

A consciência determina a natureza de nossa experiência e de nossa idade: o que temos na consciência, o que conhecemos na consciência, o que estamos mantendo na consciência, o que estamos libertando na consciência. A Verdade que conhecemos torna-se uma lei para a nossa experiência. A Verdade que conhecemos torna-se uma lei para nosso próximo. Todo esse conhecimento da verdade é um aprofundamento e enriquecimento da nossa consciência individual.

À medida que nossa consciência se enriquece, o mundo também é enriquecido, porque "eu, quando eu for levantado" [7] levarei para cima, de certa forma, o mundo inteiro. Eu, como indivíduo, posso levantá-lo apenas um milímetro, mas quando somos uma centena de indivíduos, nós o erguemos a uma altura incomensurável e provavelmente até a multiplicamos por causa de nossa unidade e identidade de consciência.

Na medida em que formos levados a acreditar que alguém neste mundo pode nos dar ou tirar de nós, ou somos dependentes dele ou o tememos. No momento em que compreendermos que só a Graça divina nos alimenta, nos cura, nos supre e nos perdoa, alcançamos nossa liberdade em Cristo. A Graça divina garante-nos que temos alimento que o mundo não conhece. A Graça divina garante-nos nosso pão. Nós não precisamos pensar em nossa vida, quando caminhamos nesta terra. Se necessário, podemos caminhar por certo tempo na pobreza, no pecado ou na doença. Mas sempre ainda quando estamos no pecado, doença ou pobreza, há o filho de Deus, há a Graça divina dentro de nós. Um dia Ela romperá livremente.

---

7. João 12:32.

Permaneça neste mundo, permaneça nele, viva nele: "Uma comida tenho para comer, que vós não conheceis".[8] Esta é a mensagem de Cristo; nós temos alimento, vinho, água e ressurreição. Temos dentro de nós uma Presença lá plantada por Deus, que poderia frutificar em nós cada vez mais com abundância. Se nós vivermos nesse estado de consciência dia e noite e noite e dia, a crosta de manifestação humana se quebrará e a manifestação espiritual passará através dela. Somente assim podemos estar seguros de uma permanente e gloriosa sensação.

---

8. João 4:32.

Leia também:

EQUILÍBRIO E RECOMPENSA

Lourenço Prado

É fato que existe no mundo muita injustiça e também é verdade que muitos dentre os fortes se aproveitam das fraquezas da multidão; porém, existe um meio pacífico para obterdes o que vos pertence, o qual dependerá inteiramente de vós mesmo.

Os leitores de Lourenço Prado (e são tantos!), de imediato, irão reconhecer o tom amigo dessas palavras. E as palavras de Lourenço Prado repercutem de tal modo no nosso coração, que logo nos aquietamos; nossa agitação se anula; em nós, a esperança se renova como a semente que explode aos primeiros sinais da primavera.

Não é somente o vosso trabalho que vale, mas também a vida que o envolve. Não é somente a idéia que expressardes que levará à convicção, mas também as palavras pelas quais as apresentardes. Não é somente a vossa capacidade que chama a atenção do mundo, mas também o modo de apresentá-la.

Por serem simples, as coisas ditas por Lourenço Prado tornam-se absolutamente necessárias. Como dissemos, muitos são os leitores de Lourenço Prado. E quem o lê, volta sempre a fazê-lo. Com a releitura, suas palavras mais iluminam a noite escura dos homens que buscam mas não encontram. Você irá sentir: as palavras de Lourenço Prado reduzirão ao grau mais ínfimo o que de negativo existir em seu coração!

O poder da simpatia é um dos maiores poderes de atração existentes; portanto, se vos simpatizardes apenas com o lado superior das coisas, isso mudará persistentemente o vosso ambiente para melhor. Dessa forma, produzindo mudança em vosso mundo mental, podereis revolucionar o mundo.

O leitor, que muitas vezes se encantou com a força de *Alegria e Triunfo*, a partir desse momento terá bem à mão um par de livros que vale por um tesouro! A verdade é que *Equilíbrio e Recompensa* é um livro que ensina como vencer as pequenas contrariedades da vida diária, responsáveis pelo esgotamento físico e moral, a fim de o indivíduo poder alcançar o equilíbrio interior do qual decorrem o bem-estar, a serenidade de espírito e o êxito nos empreendimentos.

Se observardes inteligente e cuidadosamente as mudanças e alterações que se darão em vosso ambiente pelo efeito de vossa atitude, encontrareis a prova evidente de que vossos atos determinarão o que serão as vossas condições externas e as circunstâncias da vossa vida. E como cada ato vosso é causado pela vossa ação mental, toda mudança de vosso ambiente deverá ser precedida pela mudança mental.

EDITORA PENSAMENTO

"A única razão para estarmos no caminho espiritual é ampliar a nossa consciência espiritual. É verdade que, quando estamos no caminho, nós descobrimos que a maior parte das nossas doenças desaparece e uma harmonia maior se estabelece em todos os nossos relacionamentos; mas isso não é motivo para trilharmos o caminho espiritual – esses são apenas os benefícios extras... No entanto, só poderemos superar com êxito nossas desarmonias, discórdias, pecados, doenças e, em última análise, a morte, por meio do desenvolvimento da consciência espiritual."

O SUPRIMENTO INVISÍVEL

A descoberta dos dons do espírito interior

Joel S. Goldsmith

"Nós precisamos de princípios", escreve Goldsmith, "com os quais trabalhar e nos basear quando tivermos de nos elevar acima da fé cega. Todo negócio, arte ou atividade profissional tem seus princípios. Os que obedecerem a esses princípios sempre conseguirão sucesso, mesmo que tenham de superar muitos obstáculos."

O Suprimento Invisível nos ajuda a compreender que desenvolver a consciência espiritual significa procurar conhecer a fundo o nosso deus interior. Goldsmith revela como podemos chegar a esse entendimento, fala sobre os benefícios de se praticar a meditação contemplativa, nem que seja por alguns minutos diários, e sobre a importância de ser fiel à verdade em todas as nossas atividades. Além disso, ele explica, com detalhes que não se encontram em outros autores, os princípios que regem o suprimento infinito e a necessidade de discrição ao praticar boas ações e ao rezar.

Esta nova antologia dos ensinamentos de Joel S. Goldsmith será uma fonte de inspiração e de reflexão para todos os interessados em descobrir e cultivar os dons do espírito interior.

EDITORA CULTRIX